Belgin Groha

Das Engelorakel für die Neue Zeit

Smaragd Verlag

Bitte fordern Sie unser kostenloses Verlagsverzeichnis an:

Smaragd Verlag e.K.
Brückenstraße 25
D-56269 Dierdorf
Tel.: 02689-92259-10
Fax: 02689-92259-20
E-Mail: info@smaragd-verlag.de
www.smaragd-verlag.de

Oder besuchen Sie uns im Internet unter der obigen Adresse und melden Sie sich für unseren Newsletter an.

Erste Auflage: Februar 2021

Umschlaggestaltung: preData
Satz: Gaby Heuchemer
Printed: CPI Books GmbH, Leck
ISBN 978-3-95531-204-6

Inhalt

Widmung

Für meine Engel-Community

Anleitung

An einem heißem Spätsommermorgen 2020 wachte ich nach einer unruhigen Neumondnacht mit einer sehr intensiven und klaren Vision auf. Visionen sind für mich als Medium nichts Ungewöhnliches, bekomme ich doch ständig Bilder von der Geistigen Welt gezeigt und höre Texte dazu. Doch diese Vision betraf mein zweites Buch, also das Buch, das du jetzt in Händen hältst, und zeigte mir einen Ausschnitt daraus. Ich sah Engelbotschaften als Orakel, in Buchform zum Aufschlagen. Ich sah, wie Menschen dieses Büchlein überall mit hinnahmen, in ihren Taschen und Rucksäcken dabei hatten, und wenn sie vor Entscheidungen standen, Sorgen oder Fragen hatten, dieses Buch aufklappten.

Ich spürte eine große Welle von Liebe und Dankbarkeit! Es war ein ganz anderes Buch von mir geplant gewesen, aber ich wusste nach dieser Vision, dass meine Engel wollten, dass dieses Buch jetzt auf die Welt kommen muss.

Ich rief am gleichen Morgen völlig aufgeregt meine Verlegerin Mara Ordemann an und erzählte ihr atemlos von meiner Vision und bat um ihre Meinung. Sie hörte sich alles geduldig an und war zum Glück mit meiner Eingebung aus der Geistigen Welt einverstanden und sagte:

„Leg los“, und so machte ich mich an die Arbeit.

Alle Texte sind mir übermittelt worden und mit meiner Intention ausgerichtet, dass sie dir ein helles Licht in dunklen Zeiten oder eine Inspirationsquelle in deinem Alltag sein mögen.

Die Botschaften sind von der Energie des göttlichen Lichts und der Liebe durchdrungen, du kannst also darauf vertrauen, dass sie sicher, lichtvoll und erstaunlich zutreffend sein werden. Beim Lesen werden dir deine eigenen Engel auch persönliche Botschaften in Form von Eingebungen, Bildern oder Gefühle zukommen lassen. Sei da ganz offen und fühle in dich hinein.

Es ist wichtig, dass du dein Orakel-Buch vor der ersten Anwendung zwischen deine Hände nimmst, liebevoll berührst und mit deiner Energie und deiner Absicht prägst. Du könntest laut oder leise so etwas sagen wie: „Ich beanspruche meine Macht als spirituelles und geistiges Wesen und bitte meine Engel darum, dass jedes Mal, wenn ich dieses Buch benutze, daraus ein Segen für mich entsteht. Ich bitte um zusätzliche Infos, die mir beim Lesen zukommen, ich bitte um Klarheit und Wahrheit. Danke!“

Danach könntest du deine Frage stellen und das Buch an dein Herz halten, so stellst du für deine Antwort am schnellsten eine Verbindung zu deinen Engeln her.

Atme kurz ein und aus und schlage das Buch an einer beliebigen Stelle auf. Du kannst keinen Fehler dabei machen oder eine falsche Botschaft erhalten, denn deine Engel überwachen dieses Reading und verhindern eine falsche Antwort.

Lies dir deine Botschaft in Ruhe durch und spüre nach, ob es für dich stimmig ist und du zusätzliche Infos erhältst. Wenn ja, schreib sie dir am besten auf, wenn nicht, ist es auch total in Ordnung, mach dir einfach ein paar Notizen oder lass die Botschaft sacken.

Wenn du die nächsten Male dein Buch benutzt, reicht es vollkommen aus, es kurz an dein Herzchakra zu halten, es befindet sich in der Mitte deiner Brust, und „Ich bitte um Wahrheit und Klarheit" zu sagen oder zu denken.

Bitte lass nicht zu, dass andere Menschen dein Buch benutzen, denn jedes Mal, wenn jemand dein Orakel-Buch berührt, hinterlässt er eine eigene energetische Spur, und das kann deine zukünftigen Botschaften beeinflussen. Stattdessen könntest du für den anderen die Frage stellen und die Botschaft demjenigen vorlesen. Sollte es doch mal vorgekommen sein, dass jemand anderes dein Engel-Orakel-Buch benutzt hat, verbrenne etwas Salbei (den ganz normalen grünen, mit dem weißen rufst du deine Ahnen, und das ist nicht immer angebracht) und ziehe dein Buch ein paarmal durch den Rauch.

Was sich immer gut zur Energieklärung eignet, ist, wenn du ab und zu einen Amethyst oder Bergkristall auf dein Orakel-Buch legst.

Falls du mal keine konkrete Frage hast, kannst du auch einfach fragen: „Was muss ich wissen“ oder „Habt ihr eine Botschaft für mich?“

Du kannst nichts falsch machen.

Und jetzt viel Spaß mit deinem Engelorakel für die Neue Zeit.

Begrüßung

Ich freue mich riesig, dass wir jetzt durch dieses lichtvolle Engelorakel miteinander verbunden sind und dieses wunderschöne Buch dich gefunden hat.

Engel begleiten mich, seit ich denken kann, und sind ein fester Bestandteil meines Lebens. Ich kann sie sehen und hören und habe meine starke Anbindung an die Geistige Welt niemals vergessen.

Ich möchte ich dich daran erinnern, dass das nichts Exklusives oder nur einer kleinen Gruppe von Menschen vorbehalten ist, und auch du jederzeit deine Engel rufen, dich mit ihnen verbinden und Hilfe erhalten kannst, zum Beispiel in Form von Botschaften, Informationen und Antworten.

Daran ist nichts Kompliziertes, es geht ganz einfach und macht Spaß!

Ich habe dir bereits erklärt, wie du ganz einfach und spielerisch eine Antwort oder Botschaft auf deine Fragen erhalten wirst. Ja – Engelarbeit und die Kommunikation mit der Geistigen Welt darf unglaublich leicht gehen und ist jetzt so wertvoll und wichtig wie noch nie.

Die Zeitqualität war noch niemals in unserer gesamten Menschheitsgeschichte so geeignet wie jetzt, um uns ganz leicht und intuitiv mit unserer wahren Essenz, unserer geistigen Heimat und unseren Engeln zu verbinden.

Wir sind in einer Neuen Zeit angekommen, in der wir Menschen uns immer mehr daran erinnern, dass wir spirituelle und geistige Wesen sind und niemals alleine waren.

In den nächsten zehn Jahren werden die meisten Menschen ihre Hellsinne so stark aktiviert haben, dass sie Engel und Naturwesen, sehen, hören und/oder fühlen können.

Möge dir dieses Engelorakel der Neuen Zeit von großem Nutzen und Segen sein und dir wie ein Leuchtfeuer den Weg weisen, wenn du mal deine eigene innere Stimme nicht hören kannst oder an ihr zweifelst.

Die Energien in diesem Buch sind aus der Engelwelt und somit nicht von dieser Welt. Wisse, du bist niemals allein, du wirst geführt, beschützt und geliebt!

Viel Spaß mit deinem Orakel-Buch und den für dich empfangenen und aufgeschriebenen Engelbotschaften der Neuen Zeit.

Fühle dich umarmt!

Deine Belgin

Die Antworten deiner Engel

Schutzengel

Wisse, dass du niemals alleine bist, du warst es nie und wirst es nie sein, denn ich bin immer bei dir. Ich, dein Schutzengel, möchte dich daran erinnern, dass ich jederzeit unterstützend an deiner Seite stehe und nur darauf warte, dass du mich um Hilfe bittest.

Ich schicke dir immer wieder Zeichen, zum Beispiel weiße Federn, die deinen Weg kreuzen, oder einen Vogel, der dich anschaut. Ich stehe die ganze Zeit hinter dir und wache über dich.

Danke, dass du mich immer öfter wahrnimmst und meine Nähe fühlst.

Wisse, dass ich dich immer lieben werde und unsere Beziehung unzerstörbar ist. Rufe mich noch viel öfter in dein Leben oder rede einfach mit mir. Ich bin dein treuer Begleiter, immer und überall.

Außerdem möchte dich daran erinnern, dass Gott und alle deine Engel dich sehr lieben.

Du wirst unendlich geliebt!

Das Schlimmste liegt hinter dir

Wir Engel sehen deine Vergangenheit und all dein vergangenes Leiden aus diesen Zeiten, wir fühlen deinen Schmerz und deine Verzweiflung.

Wir bitten dich, dein Herz von diesen alten und schmerzhaften Erfahrungen heilen zu dürfen, da jetzt ein neuer Zyklus für dich beginnt. Alle alten Themen dürfen jetzt für immer geheilt werden, wenn du uns die Erlaubnis dazu erteilst.

Wir stehen schützend hinter dir, bauen ein Lichtfeld um dich herum und begleiten dich, damit du die Liebe spüren kannst, die dich umgibt und beschützt.

Wisse, dass das Schlimmste hinter dir liegt und vorbei ist.

Du bist in Sicherheit!

Neuanfang

Es werden sich neue Türen öffnen und sich neue Chancen für dich ergeben. Vielleicht hattest du das Gefühl, festzustecken und Gegenwind zu erhalten, aber jetzt ist die Zeitqualität auf deiner Seite, und wir haben die Weichen gestellt.

Sei bereit für diese neuen Veränderungen, denn du wirst göttlich geführt und begleitet. Das Neue wird für alle Beteiligten ein Segen sein und dich auf einen viel höheren Level bringen.

Du wirst jetzt einen Teil deines Lebens abschließen und einen viel bunteren und schöneren Teil beginnen. Wir tanzen vor Freude um dich herum und begleiten dich bei deinem neuen Weg.

Dieser Neubeginn steht unter einem guten Stern und alles wird dir gelingen.

In wenigen Monaten wirst du dankbar zurückblicken!

Ablehnung

Du hast dich gefragt, warum du zeitweise Ablehnung erfahren hast und was du falsch machst.

Du bist auf diesem Planeten inkarniert, um die Erfahrung zu machen, abgelehnt zu werden und trotzdem innere Stabilität, Selbstliebe und Selbstvertrauen zu finden, um in deiner Kraft zu bleiben und dich selbst NICHT abzulehnen.

Könntest du dich mit unseren Augen sehen, du würdest vor Ehrfurcht nur so staunen.

Nimm dir immer wieder Zeit, um dir bewusst zu werden, dass du von deinem Schöpfer und uns Engeln bedingungslos geliebt wirst, und dann erlaube dir, dich genauso anzunehmen und zu lieben, denn es gibt nichts Wertvolleres als dich.

Bedingungslos!

Sei stark!

Wenn du manchmal den Eindruck hast, dass deine Freundlichkeit ausgenutzt oder für selbstverständlich gehalten wird, ist es jetzt an der Zeit, das zu ändern. Du wirst dazu ermutigt, deine Stimme zu erheben und für dich einzustehen.

Hab keine Angst davor, stark, weise und liebevoll die Führung für dich und dein Leben zu übernehmen.

Lass dich nicht von anderen dominieren und steh für dich und dein Licht ein! Sei nicht zu nachsichtig mit der Taktlosigkeit anderer Menschen. Du bist nicht hier, um zu gefallen oder es anderen ständig recht zu machen. Du bist hier, um selbstbestimmt und mutig die Führung für dein Leben zu übernehmen.

Du bist der Chef in deiner Welt!

Zeig, wer du wirklich bist, und wir unterstützen dich dabei.

Halte deinen Fokus

Manchmal schleichen sich Zweifel in dein Denken und das Gefühl der Überforderung. Vielleicht sind die Gedanken des Misserfolgs größer als dein Vertrauen?

Du wirst aufgefordert, deinen Fokus auf dein Endziel zu konzentrieren.

Überlasse die vielen „Wie´s"
uns Engeln!

Wir sehen, dass du viel zu viel grübelst und dein Ziel aus den Augen verlierst. Atme kurz durch und lass deine Angst und Zweifel jetzt los, um deine Absicht danach zielgerichtet auf deine Prioritäten zu lenken.

Stelle dir immer dein Endziel vor und somit das beste Ergebnis für diese Angelegenheit.

Es ist an der Zeit, dass du dich jetzt wieder auf liebevolle und lichtvolle Art und Weise neu fokussierst, und wir Engel helfen dir gerne dabei.

Zeit zu gehen

Du hast dir viele Gedanken gemacht, gegrübelt und dich gesorgt. Die Sorge, was die Zukunft bringen könnte oder wie andere auf deine Entscheidung reagieren würden, hat dich Zeit gekostet.

Wir dürfen dir bestätigen, du bist rundherum beschützt und geliebt, und es ist jetzt Zeit, zu gehen und die ganze Sache zu beenden. Nicht später oder irgendwann, sondern genau jetzt!

Steh zu dir und deinen Bedürfnissen, und wir werden dich begleiten und tragen. Beginne jetzt mit deiner Planung und gehe Schritt für Schritt deinen neuen, freien und glücklicheren Weg.

Du bist nicht allein!

Bitte uns Engel ausdrücklich, dir zu helfen und dich zu begleiten, und verlasse jetzt diese ungesunde Situation. Danach wirst du dich wundern, wie leicht es im Nachhinein war und sehr dankbar für dein neues Leben sein.

In Hülle und Fülle

Fülle ist Energie, die zu dir zurückkommt, wenn du deine Talente, Gaben und Energie mit anderen großzügig teilst. Vertraue darauf, dass alles, was du gibst, vervielfacht zu dir zurückkommt.

Frage dich heute: „Wie kann ich noch viel mehr geben oder dienen?" Dadurch wirst du Inspirationen und Ideen erhalten, die dich weiterbringen.

Bitte uns, die Engel der Fülle, täglich in dein Leben und wir werden dich begleiten und dich unterstützen, damit alle deine Bedürfnisse erfüllt werden, aber denke daran, erst zu geben, damit du erhalten kannst.

Du bist ein Geschöpf der Fülle, das ganze Universum ist darauf aufgebaut. Schau dir die Natur an, es ist alles in Hülle und Fülle vorhanden, und du verdienst Fülle in allen deinen Lebensbereichen.

Sei bereit, großzügig und von ganzem Herzen zu geben, damit all die Fülle jetzt kommen kann.

Du bist ein Geschöpf der Fülle!

Räum auf!

Als feinfühliger Mensch saugst du alle Energien aus deiner nächsten Umgebung, deinem Zuhause und deiner Arbeitsstelle wie einen Schwamm auf. Deine Umgebung beeinflusst sehr stark dein Wohlbefinden, und deine Energie sinkt, wenn nicht alles harmonisch und geordnet ist.

Ein unaufgeräumtes Durcheinander beeinflusst auch deine Kreativität, deine Gesundheit und die Fülle in deinem Leben.

Trenne dich jetzt von allen unnötigen, kaputten und unbenutzten Dingen, räume alle Schubladen und Schränke aus, putze alles durch, und vermeide dabei chemische Putzmittel.

Denke dabei auch an den Keller, den Dachboden und dein Auto.

Lüfte dein Heim gut durch und räuchere jeden Raum einmal gründlich aus. Lüfte danach noch einmal gut durch, sodass alle niedrigen Energien verschwinden können.

Du wirst gewaltige Verbesserungen in allen Bereichen deines Lebens spüren. Bitte uns, alles an alten Energien zu entfernen, die dir nicht mehr dienlich sind, wir machen das sehr gerne für dich.

Jetzt beginnt ein neuer und schöner Lebensabschnitt!

Stell dich deiner Angst

Hinter deiner Angst wartet dein größter Wachstumserfolg. Jetzt ist die richtige Zeit gekommen, deiner Angst nicht mehr diese Macht einzuräumen wie in der Vergangenheit, denn dein Heute ist so viel stärker als dein Gestern.

Lade Erzengel Michael in diese Situation ein und bitte, dass er dich in eine große, strahlende, blaue Lichtkugel einhüllt, so lange, bis sich diese Situation aufgelöst hat. Spüre diesen Lichtmantel an dir und wie er dich komplett schützt.

Wisse, du bist nicht allein, und vielleicht hilft die Vorstellung, dass du deine Angst, der du eine Farbe geben kannst, in unsere ausgestreckten Hände legst und wir diese Angst in ein goldenes Licht hochhalten und sich deine Angst dadurch auflöst.

Angst ist eine Energie, ein Gefühl, und Energie lässt sich jederzeit durch deine Absicht ändern.

Du hast jetzt durch uns Rückenwind
und wirst geführt!

Wir ermutigen dich, lass deine Angst vor dieser Situation los, und du wirst mutig, beherzt und – geführt durch Engel – in dein neues Ich springen.

Tanke dich viel öfter in der Natur auf

Dein Körper sehnt sich nach Bäumen, Sonne, dem Geruch nach frischer Erde und frischer Luft. Du hast eine starke geistige Verbindung zu Mutter Erde und den Naturwesen.

Immer wenn du dich draußen in der Natur bewegst, wird deine Energie erhöht, deine Aura gestärkt und dir kommen kreative Ideen. Die Erde schwingt sehr viel höher als noch vor einem Jahr, und in naher Zukunft werden sich noch viel höhere Schwingungsfrequenzen nachweisbar messen lassen.

Wir Engel und andere Lichtwesen haben das Bewusstsein der Erde und aller Lebewesen angehoben, alle Meere, Pflanzen, Bäume, Blumen und Tiere kommunizieren jetzt verstärkt mit euch, und du bist besonders empfänglich dafür.

Alles an Obst und Gemüse und viel klares und stilles Wasser werden dir jetzt besonders gut schmecken, da deine Zellen jetzt dankbar darauf reagieren und dein Körper jetzt Vitamine und Mineralstoffe braucht.

Gehe besonders achtsam durch die Natur, und du wirst es fühlen, sehen und hören. Nicht nur dein Körper wird sich stärken und heilen, auch deine Seele atmet jetzt auf.

Stell dir auch in deinem Zuhause viele Blumen, Pflanzen und Edelsteine auf, auch ein Zimmerbrunnen mit reinen, natürlichen ätherischen Ölen wird dir sehr guttun.

Deine Seele und dein Körper werden sofort positiv darauf reagieren.

Probiere es aus!

Du bist ein Erdenengel

Hast du schon mal die Begriffe „*Erdenengel, Starseed* oder *Hybridseele*“ gehört? Erdenengel sind Menschen, die ihren geistigen Ursprung nicht auf der Erde haben, sondern viele Inkarnationen in anderen Dimensionen oder Welten gelebt haben.

Viele mutige Seelen sind genau jetzt, zu dieser Zeit, inkarniert, um beim Aufstieg der Erde mitzuhelfen, und haben – in Teamwork mit der Geistigen Welt – die Neue Zeit eingeläutet.

Du bist eine dieser mutigen Seelen, und wir verneigen uns dankbar vor dir, denn wir sehen dich und erkennen deine Arbeit an. Du hast dich hier oft falsch gefühlt und bist einen schweren, aber sehr wichtigen Weg gegangen und vorausgegangen.

Deine bloße Anwesenheit in einem Raum reicht aus, um die Schwingung zu erhöhen. Die Menschen spüren deine Aura und sind gesegnet, jemanden wie dich um sich zu haben, der ihnen den Weg zeigt, auch wenn sie es unbewusst wahrnehmen, aber die Saat, die du überall legst, geht jetzt auf.

Du bist nicht allein. Wir, deine Geistgeschwister, sind immer für dich da, rufe uns noch viel öfter in dein Leben.

Und bitte uns um viel mehr Gleichgesinnte, Seelenverwandte und andere Erdenengel in deinem Leben. Ihr seid viele! Und zusammen potenziert sich eure unglaubliche Kraft. Euer Licht strahlt und wird jetzt besonders gebraucht. Der Raum für euch wird immer größer werden und vieles so viel leichter.

Du wirst geführt, geliebt und beschützt!

Ernährung

Du hast einen wunderschönen Körper geschenkt bekommen, der ein eigenes Bewusstsein hat und auf alles hört, was du denkst und sagst. Wenn du gut zu deinem Körper bist und auf eine gesündere Lebensweise achtest, verbessern sich auch deine Selbstliebe und Selbstachtung.

Die Veränderung deiner Essgewohnheiten wird dir ein klareres Bewusstsein, verbesserte Hellsinne und viel mehr Energie schenken. Bitte uns Engel um Hilfe bei deiner Ernährungsumstellung, und wir werden dir gerne helfen. Da sich die Schwingungsfrequenz der Erde stark verändert hat, hat sich auch dein Körper verändert.

Obst, Gemüse, Kräuter und stilles Wasser wurden von uns Engeln mit neuen Energien und Informationen der Neuen Zeit aufgeladen. Je mehr du davon zu dir nimmst, umso gesünder und vitaler wirst du sein.

Auch die Erde hat ein komplett neues Bewusstsein erhalten. Wusstest du, dass du nur mit nackten Füßen über die Erde oder das Gras laufen musst, um Nährstoffe und Mineralien feinstofflich in deinen Körper zu laden?

Segne dein Essen und deine Getränke mit Liebe und Dankbarkeit, und du wirst spüren, wieviel weniger du brauchst, um dich wohlzufühlen und rundherum gesund zu sein. Lass alle künstlichen Nahrungsmittel nach und nach weg und verzichte auf Chemikalien in deinem Essen.

Probiere Rohkost und veganes/vegetarisches Essen aus und baue es viel öfter in deinen Alltag ein. Dein Immunsystem ist stark und wird durch bessere Ernährung jetzt nochmals aktiviert. Es lohnt sich, und du wirst dich in kurzer Zeit rundherum wohler fühlen.

Segne dein Essen und deine Getränke mit Liebe und Dankbarkeit!

Wunder

Du bist gesegnet, und wir Engel tanzen und singen für dich. Du bist zur richtigen Zeit am richtigen Ort, und die Dinge fügen sich jetzt für dich.

Halte deinen positiven Fokus auf deine Träume und Ziele unbedingt aufrecht. Wir helfen dir, deine Gedanken und Energie so auszurichten, dass die Segnungen dich finden und sich manifestieren können.

Erwarte Wunder und öffne dich jetzt dafür. Du hast sie verdient, also nimm diese Geschenke bitte an.

Wir möchten dich daran erinnern, dass du mit jedem und allem im Universum verbunden bist – und mit deinem Schöpfer eins. Wenn du das erkennst, weißt du, dass alles für dich möglich ist.

Alles ist möglich!

Vergib dir selbst!

Vergib dir selbst und triff heute eine Entscheidung, dich von alten und giftigen Schuldgefühlen zu befreien. Du hast es nicht besser gewusst und gekonnt.

Bitte uns Engel dazu, dir dabei zu helfen, um dich bei deiner Vergebungsarbeit zu unterstützen. Wir strecken dir feinstofflich eine Glasschale entgegen, lege alles an Gefühlen, Gedanken und Bildern hinein, die dich belasten. Gib dem Inhalt der Schale eine Farbe und stell dir bildlich vor, wie Engel den Inhalt in wunderschönes, goldenes und warmes Licht verwandeln.

Alles Schwere und Dunkle darf sich jetzt auflösen und gehen.

Es ist eine Entscheidung – deine Entscheidung! Und wir Engel stehen an deiner Seite und warten auf ein Zeichen von dir.

Bist du bereit?

Schutzritual

Die Situation, in der du dich befindest, verlangt ein Schutzritual durch Erzengel Michael. Michael ist ein multidimensionaler Engel und kann zeitgleich überall sein, auch bei dir.

Sein heiliges blaues Licht ummantelt jetzt energetisch deinen Körper und baut eine Schutzschicht um dich herum auf, um niedrig schwingende Energien der Angst und Sorgen von dir zu nehmen und aufzulösen.

Wenn du frei von Angst und Sorgen bist und dich sicher fühlst, steht dir sehr viel zusätzliche, hoch schwingende Energie zur Verfügung, die du der Erfüllung deiner Mission auf der Erde widmen kannst.

Bitte zusätzlich täglich um einen strahlend blauen Schutzmantel mit Kapuze, den Erzengel Michael um dich legt und dir die Kapuze liebevoll über deinen Kopf zieht. Stell es dir bildlich vor oder fühle es.

Wenn du etwas hörst, was dich verletzt oder dir Angst macht, ruf Erzengel Michaels Mannschaft, er kommt niemals allein, sondern hat ein ganzes Team dabei. Diese Engel haben alle stahlblaue Lichtschwerter dabei, um dich zu schützen. Sieh oder fühle, wie 40 bis 50 dieser

Schwerter vor dir schweben, wobei sie mit der Spitze von dir wegzeigen und alles Negative in der Luft zerschneiden und auflösen, bevor es dich überhaupt erreichen kann.

Du wirst geführt und beschützt!

Vergebung

Nicht verzeihen können ist wie das schlimmste Gift, das in deinen Körper sickert und alles vergiftet. Jeder Ärger, jeder Groll und jede Kritik trennt dich ein Stück von deiner göttlichen Quelle und deiner hohen geistigen Führung – deinem Höheren Selbst!

Wir möchten dich daran erinnern, dass du durch die Vergebung nicht das Verhalten anderer Menschen oder Umstände akzeptierst, sondern lediglich dich selbst befreist. Deine Selbstliebe und Selbstachtung rufen jetzt danach, deine Gedanken, die um Schmerz und Wut kreisen, loszulassen.

Befreie dich jetzt von deiner Last!

Selbst wenn du nicht weißt, wie du vergeben kannst, reicht es vollkommen aus, uns, die Engel der Vergebung, um Hilfe zu bitten und eine klare Absicht der Vergebung laut auszusprechen. Das Einzige, was du brauchst, ist deine klare Entscheidung und deine feste Absicht, jetzt loslassen zu wollen.

Die Geistige Welt vergibt immer!

Auch dir!

Vergiss das nie!

Kummer

Wir ermutigen dich, Kummer und Trauer hinter dir zu lassen, und möchten dir gerne dabei helfen, damit du dich endlich von der dunklen Wolke der Traurigkeit verabschieden kannst.

Wir strahlen jetzt unser heiliges Licht über deinen Kopf in dein Herz und in den Rest deines Körpers, sodass du vollständig damit aufgeladen wirst und dich Heilung wie goldene kleine Schneeflocken umhüllen und halten kann.

Du bist jetzt so weit, in einen Raum tiefer Liebe und Heilung einzutauchen und dort aufzublühen. In dem Wort Kummer steckt das Wort *kümmern,* wir ermutigen dich dazu, dich liebevoll um dich selbst zu kümmern und zu lieben. Denn du wirst von uns jenseits aller Worte geliebt.

Für immer!

Liebe diesen Planeten

Wie dankbar bist du für diese wunderbare Welt, in der du lebst? Die Schwingung der Erde hat sich in den letzten Monaten extrem erhöht, und auch das Bewusstsein der Erde ist erweitert worden.

Geh nach draußen und bitte die Naturgeister, deinen Verstand, deinen Körper und deine Gefühle von niedrig schwingenden Energien zu befreien und zu klären.

Nimm dir täglich Zeit, eine friedliche Welt zu visualisieren, in der jeder Mensch sein Herz öffnet, um die Verantwortung für eine saubere, gesunde Umwelt zu übernehmen. Das fängt beim Einkaufen an und beinhaltet auch dein klares, liebevolles und verantwortungsvolles Denken und Handeln zum Wohl des Ganzen und aller.

Bitte die Naturwesen, die Gottes Naturengel sind, um Hilfe, sie arbeiten unermüdlich für die Erhaltung der Erde und freuen sich sehr, dass jetzt viele Menschen mit ihren Hellsinnen so viel mehr spüren als noch vor kurzer Zeit. Naturwesen schwingen in höheren Dimensionen und waren deshalb für die meisten Menschen unsichtbar, das wird sich in den nächsten Jahren sehr verändern.

Bitte um Unterstützung, wenn du etwas für den Planeten Erde tun willst oder in deinem Garten etwas anbaust oder pflanzt. Sie werden dir gerne helfen, wenn sie merken, dass du es ernst meinst und dich mit liebevoller Fürsorge um diesen wundervollen Planeten kümmerst.

Nimm dir täglich Zeit, eine
friedliche Welt zu visualisieren!

Heilung

Du besitzt natürliche und innere Heilungskräfte, und wir bitten dich, darauf zu vertrauen, dass du diese jetzt aktivieren kannst.

Manchmal kann eine Situation erst dann heilen, wenn du die Gedanken dazu vollständig losgelassen hast und wir unser heiliges Licht auf deinen Heilungsprozess bündeln und strahlen lassen können.

In deiner göttlichen Essenz bist du vollkommen, heil und ganz!

Segne jede Zelle deines Körpers mit Liebe und Dankbarkeit – dein Körper hört dich und reagiert mit Gesundheit und Wohlbefinden.

Wir Engel hören dich und unterstützen dich bei deiner Heilung auf allen Ebenen.

Bitte öffne dich jetzt für Heilung auf allen Ebenen, und sie wird dir zuteil.

Manifestieren

Achte sehr genau auf deine Gedanken, Gefühle und das, was du ständig sagst, denn aktuell ist die Schwingung der Erde so hoch wie noch nie – und sie wird sich immer höher entwickeln. Das bedeutet, dass sich deine Wünsche, aber auch Ängste sehr viel schneller entwickeln als früher.

Deine Eingebungen und Ideen kommen aus der göttlichen Quelle und werden durch DICH aus der feinstofflichen Welt in deine Welt geschöpft.

Du nährst und bringst diese Ideen auf die Welt, indem du an deine Eingebungen, Wünsche und Träume unerschütterlich glaubst und danach handelst.

Wir wissen um deine kraftvolle Schöpferkraft und feiern dich dafür. Lass deine Zweifel los, vertraue dem Leben, dir selbst und den unendlichen Möglichkeiten des Universums, denn alles ist möglich, wenn du daran glaubst und alles dafür tust.

Alles ist möglich!

Smaragdgrüne Heilenergien

Wir sehen, dass du zum jetzigen Zeitpunkt eine große Extraladung Energie und smaragdgrünes Heil-Licht brauchst. Erzengel Raphael, dessen Name „Gott heilt" bedeutet, versorgt dich und deinen Körper, deinen Geist und deine Seele mit Heilenergien.

Auch deine Chakren werden jetzt gereinigt, entgiftet und harmonisiert, damit sie wieder funkeln und strahlen. Gibst du uns dafür die Erlaubnis? Gibst du dir selbst die Erlaubnis, damit Heilung auf allen Ebenen geschehen kann?

Gönne dir eine kleine Auszeit, um Heilung zu erbitten und zu manifestieren. Wir Heil-Engel lieben es, dir zu helfen und dich mit smaragdgrünem Heil-Licht zu versorgen, damit jetzt bis in die kleinste Zelle deines Körpers göttliche Heilung eindringen darf.

Unterstütze uns dabei, indem du besonders gut zu deinem Körper bist und alles tust, um dein Wohlbefinden zu stärken.

Wir lieben dich!

Zeig dich!

Wir sehen, dass du viel zu viele Gedanken darüber verschwendest, ob du alles richtig machst und was wohl die anderen über dich sagen oder denken.

Die neue Zeitqualität sorgt dafür, dass sich jetzt dein liebendes Herz öffnet und ganz weit wird für Selbstliebe und Selbstachtung.

Wir lieben dich,
und du bist vollkommen,
so, wie du jetzt bist!

Verbiege dich nicht mehr und unterdrücke nicht mehr länger dein Licht für diese Welt. Deine Kreativität und Power werden so sehr gebraucht, und wenn du darauf vertraust, dich so zu zeigen, wie du wirklich bist, wirst du Menschen anziehen, die genauso schwingen wie du – also auf der gleichen Wellenlänge sind, und das wird dich noch mehr in deinem wahren Sein stärken.

Lass dein wirkliches und authentisches Selbst leuchten, denn du bist wirklich einmalig und wirst gebraucht.

Hingabe

Auch wenn du es manchmal vergisst, du bist tief verbunden mit deiner Quelle, also dem göttlichen Universum, und jetzt ist die Zeit gekommen, deiner hohen geistigen Führung mehr zu vertrauen.

Wir Engel ermutigen dich, dein ständiges Zweifeln für eine Zeit ruhen zu lassen und dich mit Hingabe von deiner Seele führen zu lassen.

Lass los, alles immer kontrollieren zu wollen, und es wird vieles so viel leichter, und wir können endlich zu dir durchkommen.

Stehen Entscheidungen an, dann frage dich, was zum Wohl des Ganzem, also zum Besten aller Beteiligten, wäre, und du wirst die richtige Entscheidung treffen.

Du bist immer mit uns verbunden.

Vergiss das nie!

Blumen

Wusstest du, dass wir Engel Blumen lieben? Der Duft und die Farben der Blumen, aber auch aller anderen Pflanzen, sind wie Medizin und senden dir Botschaften bis in deinen feinstofflichen menschlichen Körper, deine Aura und dein Unterbewusstsein.

Wenn du diese Seite aufgeschlagen hast, werden dir die heilenden Eigenschaften von Blumen jetzt sehr helfen. Wenn du die Möglichkeit hast, ein paar Blumen in Töpfen anzupflanzen oder in einem Garten ein Blumenbeet anzulegen, ist jetzt genau der richtige Zeitpunkt dafür.

Kaufe dir ruhig öfter schöne duftende Blumen und stelle sie in deine Nähe. Auch auf deinem Nachttisch sollten welche stehen, dann können wir in der Nacht über die Blumenessenzen in deine Träume hineinwirken.

Wenn du die Blumendüfte wahrnimmst, stell dir vor, wie jede deiner Körperzellen die Heilkräfte dieser Blumen aufnimmt und sich damit auflädt.

Deine Hellsinne profitieren auch sehr von der Energie der Blumen, da wir Engel durch Blumen und Pflanzen einen schnelleren Zugang zu dir finden und du uns viel eher wahrnimmst.

Außerdem werden dir jetzt reine und ätherische Öle als Duft oder Körperöle sehr helfen, um seelisch aufzublühen.

Probiere es aus!

Gehe dabei intuitiv vor und rieche an den Blumen und Düften, dein Körper wird dir die richtigen Blumenessenzen mit einem Wohlgefühl anzeigen.

Ruhe

Wir ermutigen dich, dir viel mehr Zeit und Ruhe zu gönnen, denn eine Zeit der Stille würde dich jetzt mit viel Energie und Heilung auf allen Ebenen füllen.

Ziehe dich vorübergehend ein wenig zurück und probiere verschiedene Meditationen aus, oder gehe viel in der Natur spazieren, um dich aufzuladen. Wir führen dich dabei, damit du in dieser Zeit der Stille Abstand gewinnen und deine Schwingung erhöhen und so deine innere Stimme wieder hören kannst.

Wir fordern dich liebevoll auf, für eine ruhigere Atmosphäre in deinem Leben zu sorgen. Zum Beispiel, indem du dir viel mehr Zeit für dich und deine Bedürfnisse nimmst.

Gönne dir öfter Massagen oder eine Badewanne, höre dabei leise sanfte Musik und schalte viel öfter dein Handy aus.

Wenn du das Gefühl hast, dass zurzeit bestimmte Menschen oder Umstände dir nicht guttun, distanziere dich von ihnen.

Verbringe Zeit draußen in der Natur, um dich mit Gott zu verbinden und Stress abzubauen, und du wirst viele neue Impulse und frische Energie erhalten.

Sorge für eine ruhigere Atmosphäre in deinem Leben!

Leidenschaft

Der Kern deiner Frage hat mit deiner Lebendigkeit und deiner leidenschaftlichen und wilden Seite zu tun.

Wir entzünden jetzt die Flammen der Lebendigkeit in deinem Energiekörper, damit du dich wieder viel mehr spürst.

Zu lange hast du dich erstarrt
und unsicher gefühlt!.

Wir ermutigen dich, aus deiner Komfortzone zu treten und deinen Herzenswünschen nachzugehen. Wenn du unsicher bist, lade uns täglich in dein Leben ein, und wir werden dich führen und leiten. Das betrifft alle Bereiche in deinem Leben. Du darfst jetzt viel mutiger sein als jemals zuvor.

Solltest du dir einen Partner wünschen, bitte auch hier um Führung und Zusammenführung, die Zeitqualität ist jetzt günstig.

Neue Informationen

Da du ein Lichtarbeiter bist, bekommst du nun viele neue Informationen aus der Geistigen Welt in Form von *Downloads.*

Tiefe Wahrheiten und Informationen kommen aus den himmlischen Sphären und füllen dich mit komplett neuem Wissen. Falls du dich nicht daran erinnern kannst, könnte es daran liegen, dass wir oft nachts arbeiten und dich in deinen Träumen schulen, weil du tagsüber viel zu abgelenkt bist.

Andere Zeichen für *Downloads* aus der Geistigen Welt sind hochfrequente Geräusche, die sich als Ohrgeräusche bei dir bemerkbar machen, oder flackernde Lichter an deinen Geräten, da wir die Frequenzen ausgleichen und anpassen.

Auch schicken wir dir immer wieder Zeichen in Form von sich wiederholenden Symbolen, Federn, Gedanken und Träumen.

Du wirst schon sehr bald die Zusammenhänge besser verstehen!

Wohlstand

Wir möchten dich wissen lassen, dass wir dich in allen Lebensbereichen unterstützen, indem wir dir, unter anderem, intuitive Gefühle, glänzende Ideen oder Gelegenheiten schicken.

Wohlstand und Fülle sind die göttliche Belohnung dafür, dass du dir selbst vertraust und deine mitgebrachten oder erworbenen Gaben, Talente und dich selbst, also dein einzigartiges Licht, großzügig mit anderen Menschen teilst.

Wir möchten dich daran erinnern, deine Sorgen und Ängste in diesem Bereich in unsere Hände zu legen und uns, die Engel der Fülle, öfter in dein Leben einzuladen.

Du bist ein Wesen der Fülle und hast der Welt viel zu geben, zögere jetzt nicht mehr länger, sondern frage dich: „Wie kann ich noch mehr geben und für andere ein Segen sein?“ Dadurch wirst du deine Schwingung erhöhen und Eingebungen erhalten. Wir wissen, dass du an dem Guten, das dir jetzt zuteilwerden wird, auch andere teilhaben lassen wirst – und das wird deinen Wohlstand noch mehr vergrößern!

Mut tut gut!

Wir möchten dir zurufen, dass dein Mut belohnt wird. Vielleicht wird nicht jeder mit deiner Art und Weise oder deinen Überzeugungen einverstanden sein, aber jetzt ist es wichtig, dass du zu dir selbst und deinen Überzeugungen stehst.

Du bist ein Lichtkrieger und somit auch ein Vorbild für andere, denn dein Vorangehen gibt anderen den Mut, auch für sich selbst einzustehen.

Gehe mutig und voller Selbstvertrauen deinen Weg, bleib jetzt nicht stehen, wir werden dich unterstützen und beschützen.

Wisse, sollte Angst dich zurückhalten, ist das nur ein Zeichen für unglaubliche Wachstumsschübe und großes Potenzial, was sich als Geschenk dahinter verbirgt.

Mut tut gut!

Schritt für Schritt

Wir möchten dich daran erinnern, deinen Lebensweg Schritt für Schritt zu gehen und diesen Weg zu genießen. Wir wissen, dass du dich fragst, warum du nicht weiter bist und manches Mal deine bisherigen Erfolge nicht so richtig anerkennst.

Du bist eine starke Persönlichkeit und hast schon so vieles in deinem Leben gemeistert, und wir wünschten, du könntest dich mit unseren Augen sehen und lieben.

Schau dir nochmal in Ruhe an, was du bisher geleistet und der Welt gegeben hast. Du bist stark und mutig, und es läuft alles auf deinem Lebensweg nach göttlichem Plan.

Erinnere dich daran, dass du auf deinem Weg bist und sich dieser Tag für Tag entfaltet und dich immer weiterbringt. Du brauchst dich also nicht zu beeilen, alles ist gut so, wie es ist.

Alles ist gut so, wie es ist!

Roter Faden

Gott und die Engel helfen dir auch in schwierigen Zeiten, dir selbst treu zu bleiben. Wenn du dich unsicher oder unklar fühlst, gönne dir ein paar Minuten tiefe Atemzüge und verbinde dich mit uns.

Erzähle uns ganz genau, was du dir wünschst und was du haben willst. Du kannst auch gerne erst einmal eine Wunschliste schreiben und alle Punkte schriftlich aufführen.

Halte nichts zurück!

Bitte uns, bevor du anfängst zu schreiben, um absolute Klarheit in deinen Gedanken und richte dich innerlich danach aus.

Öffne dich für Ideen, Eingebungen und Inspirationen. Wir freuen uns darüber und kommunizieren so gerne auf diese Art und Weise mit dir.

Du wirst deinen roten Faden finden.

Wir helfen dir dabei!

Öffne dich für die Liebe

Wir möchten dich daran erinnern, dass du aus Liebe bestehst und bedingungslos liebenswert erscheinst. Wir umkreisen dich und regen dich dazu an, dein Herz zu öffnen und diese Liebe anzunehmen, die für dich bestimmt ist.

Du bist pure Liebe, und du verdienst es, Liebe zu geben und zu bekommen. Öffne dich dafür, dein Bestes jetzt auch anzunehmen, dazu zählen auch Komplimente und Anerkennung deiner Persönlichkeit.

Du wirst auch dazu ermuntert, Unterstützung von anderen Menschen anzunehmen. Lerne zu empfangen und nicht alles alleine machen zu wollen.

Die Liebesenergien möchten jetzt unbedingt in dein Leben.

Lässt du sie herein?

Öffne dein Herz jetzt für die Liebe, die du so sehr verdienst. Erwarte ein Höchstmaß an Gutem und nimm dein Bestes auch an.

Kosmisches Portal

Du bist durch deine oberen Chakren mit der Engelwelt und dem gesamten Universum verbunden. Über deinem Kopf befindet sich eine Lichtstraße zum kosmischen Portal, deshalb sind deine Gedanken und Worte wie Energiebälle, die hinaus in den Kosmos strahlen und alles anziehen und erschaffen, was zu dir gehört.

Wir Engel bieten dir jetzt unsere Führung und Unterstützung an, damit du dich, gut verbunden mit deiner hohen geistigen Führung, immer mehr entfalten kannst.

Du brauchst nur ein kleines Gebet zu sprechen und deine Absicht auf deine Wünsche ausrichten, deine zielgerichtete Energie kommt jetzt im kosmischen Portal an.

Du hast die Fähigkeit, alles zu manifestieren, was du dir wünschst!

Fantasie

Deine Fantasie ist die Eintrittskarte zur Geistigen Welt, bitte lass nicht zu, dass dein Verstand dich immer wieder zurückhält.

Du bist ein multidimensionales Wesen und hast die Fähigkeit und Gabe mitgebracht, jederzeit alle Dimensionen des Universums zu erfahren. Als Kind hast du das noch ganz natürlich gewusst und gelebt, bis dir beigebracht wurde, mehr auf den Verstand zu hören.

Dein Verstand ist wunderbar, weiß aber nicht annähernd so viel wie deine hohe geistige Führung, da diese direkt mit uns und deiner Quelle verbunden ist.

Nimm dir jetzt regelmäßig Zeit, um deine ganz besondere Beziehung zu uns Engeln und Lichtwesen zu aktivieren. Wir werden dir Zeichen wie Bilder, Gefühle oder Eingebungen schicken, und du wirst unsere Zeichen erkennen, wenn du bereit bist, deinen Verstand für einen kurzen Moment um Ruhe zu bitten!

Alles, was deine Fantasie beflügelt, führt dich in großen Schritten zu uns.

Trau dich!

Erzengel Raziel

Suche nicht im Außen nach deinen Antworten, denn deine Antworten liegen alle in dir und sind durch deine innere Weisheit abrufbar.

Ich bin Raziel und mein Name bedeutet: *Die Geheimnisse Gottes,* da ich mich um die spirituellen Gesetze dieses Planeten kümmere. Du entwickelst gerade deine ganz natürlichen Hellsinne und aktivierst deine übersinnlichen Fähigkeiten. Ich verhelfe deinen spirituellen Gaben zu vollem Erwachen, damit du deine Wünsche jetzt in deinem Leben manifestieren kannst.

Auch bekommst du jetzt immer wieder *Downloads* und Symbole aus der Geistigen Welt, damit du ein umfassenderes Verständnis für dein Leben bekommst.

Achte unbedingt auf Symbole und Zeichen, die dir mehr als dreimal irgendwo begegnen.

Achte auf Symbole und Zeichen!

Erzengel Sandalphon

Ich möchte dich daran erinnern, dass ein einziges, von Herzen gesprochenes Gebet ein Wunder bewirken kann.

Deine Gebete wurden gehört, denn ich bin der Engelpostbote, der sich darum kümmert, dass alle von Herzen gesprochene Gebete zu unserem Schöpfer gebracht werden. Bleib im Vertrauen und positiv ausgerichtet, denn manche Dinge brauchen Zeit.

Solltest du etwas verlegt oder verloren haben, rufe mich beim Suchen unbedingt dazu, ich werde dir helfen, den verlorenen Gegenstand wiederzufinden.

Vertraue, dass dein Gebet genau zur richtigen Zeit von Gott bearbeitet wird!

Erzengel Gabriel

Ich bin Gabriel und war schon immer ein Überbringer guter Nachrichten, und mein Name bedeutet: *Gottes Stärke.*

Ich möchte dich ausdrücklich ermutigen, dich jetzt nicht mehr zurückzuhalten, sondern deine Wahrheit auszusprechen. Wir sehen, dass du schwer NEIN sagen kannst und viel zu oft JA sagst.

Ich bin hier, um dir zu sagen, dass du ehrlich sein und deine Wünsche und Bedürfnisse anderen Menschen mitteilen darfst. Außerdem muss ich dir sagen: Du verdienst es, dass es dir *richtig* gut geht, nicht nur ein bisschen gut, sondern so gut, wie du es nur erlaubst – und darüber hinaus.

Ich strahle jetzt mein strahlendes weißes Licht auf dich und hülle dich rundherum in einen Mantel aus Liebe ein. Jetzt brauchst du mich nur noch zu rufen, ich bin für deine Wahrheit und Ehrlichkeit anderen und dir selbst gegenüber sehr dankbar und stehe dir hilfreich zur Seite.

Trau dich!

Erzengel Jophiel

Ich bin Jophiel und mein Name bedeutet: *Gottes Schönheit.* Ich bin heute hier, um dich an deine innere und äußere Schönheit zu erinnern.

Ich kann dir dabei helfen, dir selbst noch viel mehr zu vertrauen und dich selbstbewusst anzuerkennen und, vor allem, zu lieben. Selbstliebe hat nichts mit Egoismus oder Überheblichkeit zu tun, sondern ist ein Akt der Anerkennung von Gottes Liebe zu uns. Dein Körper ist der Tempel deines Geistes, und der ist immer mit uns, den Engeln und der Geistigen Welt, tief verbunden. Dein Äußeres ist genauso heilig wie dein Inneres.

Du hast ein wunderschönes und liebevolles Herz, und wir ermutigen dich jetzt, nicht mehr so streng zu dir selbst zu sein und viel mehr dein Leben zu genießen, auch indem du deine innere Schönheit jetzt äußerlich zum Ausdruck bringst. Deine innere und äußere Schönheit wird jetzt von der Welt gebraucht.

Außerdem bitten wir dich, dein Leben viel mehr zu genießen, es langsamer anzugehen und die Schönheit deines Lebens – also das, was du tagtäglich siehst –, zu würdigen.

Erzengel Chamuel

Mein Name bedeutet: *Er, der Gott sieht*, und ich bin hier, um dir dabei zu helfen, deine eigene Göttlichkeit zu sehen und zu akzeptieren.

Ich sehe dein verletztes Herz und deine Narben, und verstehe, dass du eine Schutzmauer um dein Herz aufgebaut hast. Dein Leben spiegelt dein Inneres, und ich bin jetzt gekommen, um dich dazu einzuladen, dein Herz zu öffnen und deine Schutzwand einzureißen.

Du verdienst es, zu lieben und geliebt zu werden und dich dabei vollkommen sicher zu fühlen. Du bist ein göttliches Wesen, dessen wahre Essenz Liebe ist. Jetzt ist deine Zeit gekommen, dich wieder daran zu erinnern und dich für die Liebe zu öffnen, damit sie endlich wieder in dein Leben darf.

Willst du die Liebe in dein Leben lassen?

Lass die Kontrolle los

Du kannst viel dazu beitragen, dass sich dein Wunsch erfüllt, indem du aufhörst, alles kontrollieren zu wollen und darauf bestehst, die Einzelheiten vorher zu wissen.

Wisse, je mehr du uns und dir selbst vertraust und dich entspannst, umso schneller wird sich alles fügen und erfüllen.

Du musst dir um nichts Sorgen machen, da sich alles zu deinem Besten entwickelt. Versuche, loszulassen und darauf zu vertrauen, dass du nicht alleine bist und deine hohe geistige Führung auf dich aufpasst und die Dinge regelt.

Wertschätze jeden Moment und lass den inneren Druck jetzt los, deine Wertschätzung und dein unerschütterlicher, aber entspannter Glaube werden alles verwirklichen.

Wertschätze jeden Moment!

Zellbewusstsein

Vielleicht hast du es bereits gespürt: Dein Körper hat sich in den letzten Monaten verändert, und du reagierst anders als früher auf Ernährung und Bewegung.

Wisse, dass alles zu deinem Besten geschieht, da sich die Schwingung der Erde sehr erhöht und diese Tatsache auch deine Frequenz verändert hat. Dein Körper wurde auf die Neue Zeit vorbereitet.

Wir haben eine Art Schutzschild aus Licht um dich herum aufgebaut, und du kannst sicher sein, dass keinerlei niedrige Schwingung dein Schutzfeld durchdringen kann.

Außerdem haben wir deine Zellen mit Lichtfrequenzen aufgefüllt, um deine Schwingung konstant hoch zu halten. Jeder Gedanke und jedes Wort beeinflussen dein Körperbewusstsein durch deine Zellinformationen.

Falls du Beschwerden oder körperliches Unwohlsein verspürst, sprich bitte mit deinen Zellen, und sie werden sofort darauf reagieren. Frage deinen Körper, welche Botschaften er für dich hat, und du wirst über die Antworten erstaunt sein.

Folge deinem Stern

Du bist auf dem richtigen – deinem – Weg! Halte jetzt unbedingt durch, dein Durchbruch ist ganz nahe und der Erfolg dir sicher.

Jetzt ist es für dich wichtig zu wissen: dranzubleiben und den Fokus auf dein Endziel zu richten, ohne jeden Zweifel oder Kompromiss.

Du bist nicht hier, um dich zu verbiegen oder anderen zu gefallen. Du bist hier, um deinen Seelenplan zu erfüllen und glücklich zu sein.

Lass nicht zu, dass andere versuchen, dein Licht zu dämmen, nur weil sie deine Vision nicht verstehen, letztendlich werden sie doch von dir inspiriert werden.

Folge deinem Stern, deinem Ziel, wir unterstützen dich dabei von allen Seiten.

Folge deinem Stern, deinem Ziel!

Warnung

Du hast aus gutem Grund ein komisches Gefühl bei dieser Sache oder bist unsicher. Du spürst, dass etwas nicht stimmt, und wir werden dir helfen, dir selbst unbedingt zu vertrauen.

Ich bin dein Schutzengel, und die gegenwärtige Situation erfordert noch Zeit und zusätzliche Informationen, um die beste Entscheidung zu treffen.

Bitte mich um Führung und lass dir etwas mehr Zeit, du wirst andere Informationen erhalten und die Dinge bald klarer sehen. Die Dinge können auch eine völlig andere Richtung nehmen, und dadurch entstehen andere Möglichkeiten für dich.

Falls du dich trotzdem jetzt dafür entscheidest, stehe ich hinter dir und beschütze dich, dessen kannst du dir immer sicher sein.

Lass dir Zeit und bitte um Führung!

Unterschwellig angespannt

Wir sehen deinen täglichen Druck und deinen inneren Antreiber, der dich immer weitermachen lässt.

Daher bist du unterschwellig immer öfter angespannt oder aggressiv, weil du nicht zur Ruhe kommst und dich immer weiter durch deinen Alltag hetzt.

Ich bin hier, um dein Bewusstsein liebevoll und machtvoll für deine Situation zu schärfen und dich daran zu erinnern, dass du dir erlauben darfst, zu entspannen und langsam zu machen, damit du alles viel mehr genießen und wertschätzen kannst.

Wisse, jede Pause und jedes Innehalten versorgt dich mit mehr Energie und Flow, und du wirst davon nur profitieren. Du wirst sehen, hinterher wird das Ergebnis viel besser ausfallen.

Auch ein Schläfchen zwischendurch wird dich enorm weiterbringen.

Probiere es aus!

Lernen

Du bist an einem Punkt in deinem Leben, wo dich eine Fortbildung sehr weit bringen würde. Dies wird dir ermöglichen, deine Talente und Gaben besser zu verstehen und auszuleben.

Rufe uns Engel, um dich beim Lernen zu führen, aber auch, um dich zu den richtigen Lehrern, Büchern und Lerninhalten zu führen, die dich dabei unterstützen werden.

Diese Fortbildung wird sich für dich sehr lohnen, denn du wirst nicht nur deine Fähigkeit zu lernen und dein inneres Wissen aktivieren, sondern wirst danach deinen Seelenplan ausführen können, anderen zu helfen. Wisse, du bist hier, um dich auszudehnen, zu wachsen und aufzublühen.

Wenn du nicht weißt, welche Art von Fortbildung du machen sollst, meditiere regelmäßig und frage deine hohe geistige Führung: „Was soll ich lernen?" Du wirst die Antwort erhalten.

Achte auf Eingebungen, Gefühle, Gedanken und Ideen, und schreibe alles auf!

Shift

Die Frequenzerhöhung unserer Erde geht immer weiter und schneller voran, und du als sensitiver Mensch spürst es in diesen Tagen wieder ganz besonders.

Sowohl deine geistige als auch deine körperliche Schwingung geht in großen Schritten voran. Das kann sich in Schlafstörungen, Übelkeit, veränderten Essgewohnheiten und Schmerzen äußern.

Auf der seelischen Ebene werden dir Gewohnheiten und Verhaltensmuster bewusst, die du nicht mehr beibehalten möchtest und jetzt loslassen kannst.

Rufe uns Engel hinzu, wenn dich das alles verunsichert. Wir stehen dir sofort zur Seite. Wisse, am Ende wird alles gut werden.

Zusätzlich ist es ein großer Segen, wenn du viel von dir gesegnetes Wasser trinkst, dich gut erdest, in der Natur spazieren gehst, Fußbäder mit Meersalz nimmst und ganz besonders freundlich zu dir selbst bist.

Wir halten und beschützen dich
in diesen ganz besonderen Zeiten!

Erzengel Ariel

Wenn du diese Seite aufgeschlagen hast, sind dir mein Mut und meine Power sicher, denn mein Name bedeutet: *Löwin Gottes*, und wenn du dich mit mir verbinden möchtest, wirst du dich stark und mächtig fühlen.

Solltest du zur jetzigen Zeit keinen inneren Frieden finden oder dich für eine gerechte Sache einsetzen und unsicher sein, so rufe mich dazu, damit ich dich mit standhafter und machtvoller Energie ausstatten kann. Du darfst jetzt kraftvoll handeln und deine Stimme erheben, solange deine Absichten klar, friedvoll und liebevoll sind.

Es ist sicher für dich, du selbst zu sein, und ich stehe mit großer Power hinter dir und beschütze dich.

Du bist beschützt!

Erzengel Jeremiel

Heute ist genau die richtige Zeit für dich, eine Inventur deines Lebens aufzustellen. Verbringe möglichst eine gewisse Zeit ungestört und stelle eine Liste zusammen, auf der du alle wichtigen Punkte deines Lebens aufführst und überprüfst.

Falls du Veränderungen möchtest, überlege genau, was du willst, und triff dann deine neuen Entscheidungen. Solltest du Entscheidungen aus der Vergangenheit bereuen, ist jetzt der Zeitpunkt für Heilung und Vergebung, und wir helfen dir dabei. Bitte vergib allen Beteiligten und auch dir selbst. Lass alle Schuldgefühle und Verurteilungen los, damit ein Wendepunkt in deinem Leben stattfinden darf.

Solltest du vor Prüfungen oder einem beruflichen Neustart stehen, wirst du sehr erfolgreich sein.

Vergib allen Beteiligten und dir selbst!

Erzengel Uriel

Ich bin Uriel und mein Name bedeutet: *Gottes Licht.* Ich bringe Licht und göttliche Ordnung ins Dunkel und bin jetzt hier, damit du dein hellstes Licht erstrahlen lässt und großzügig mit der Welt teilst.

Jetzt ist deine Zeit, und wir sehen deine Kreativität, Talente und Spiritualität und appellieren an dich, deine positiven Eigenschaften mit anderen Menschen zu teilen und ihnen zu helfen. Solltest du selbstständig sein und beruflich nicht weiterkommen, rufe mich, damit ich dich bei deinem beruflichen Erfolg unterstütze. Ganz besonders vor Entscheidungen, und auch bei dem Wunsch nach öffentlicher Anerkennung und Problemlösungen jeglicher Art stehe ich gerne an deiner Seite und helfe dir.

Mein heiliges Licht ist von sonnengelber Farbe, und ich trage eine große und helle Lichtsäule im Arm. Ich stehe hinter dir und leuchte machtvoll und unterstützend, damit erhelle ich dein Weiterkommen, sodass du aufblühen kannst.

Jetzt ist deine Zeit, um dein Licht mit der ganzen Welt zu teilen!

Erzengel Haniel

Ich bin Haniel, und mein Name bedeutet: *Die Anmut Gottes.*

Jeder erlebt Zeiten, in denen er unsicher ist oder Angst hat. Du bist gesegnet mit ganz besonderen Hellsinnen und spürst sehr viel mehr als die meisten anderen Menschen, und zu diesen spannenden Zeiten bist du besonders feinfühlig, vielleicht sogar etwas dünnhäutig.

Wir öffnen aktuell dein Drittes Auge, damit du deine Gaben – wie Hellsichtigkeit und Intuition – noch mehr verstärken und einsetzen kannst. Bitte vertrau deinen Gefühlen und deiner inneren Stimme, wir leiten dich und schicken dir nachts viele Bilder und Träume, und auch wenn du dich nicht immer erinnerst, wirken diese Träume in dir nach und bewirken einiges.

Öffne dich jetzt für deine innere Weisheit und vertraue deinen spirituellen Gaben, die Zeit von Blockaden und Verzögerungen ist jetzt vorbei, und es beginnt etwas Neues für dich.

Vertraue deinen spirituellen Gaben!

Entscheidung

Du stehst vor einer Weggabelung und bist unsicher, welchen Weg du einschlagen sollst.

Du kannst diese Situation am besten lösen, indem du dich auf deine Absicht ausrichtest, deinen Seelenplan zu erfüllen, auch wenn du ihn nicht genau kennst. Frage dich: „Welche Entscheidung bringt mir den größten inneren Frieden?"

Entscheide immer zum Wohl des Ganzen und zum Wohl aller, dann bist du uns und deiner eigenen göttlichen Quelle am nächsten.

Lass dir Zeit und gehe sanft mit dir um, bitte uns um Hilfe und Unterstützung, damit wir dich lenken und führen können.

Und hab keine Angst vor der neuen Richtung, die du einschlägst, das Alte darf jetzt gehen und das Neue möchte behutsam in dein Leben fließen.

Entscheide immer zum Wohl des Ganzen!

Lebendigkeit

Wir möchten dich ausdrücklich ermutigen, deiner Freude zu folgen und alles zu tun, um dich wieder lebendig und glücklich zu fühlen.

Wir sehen manchmal deine Mutlosigkeit und Erschöpfung und bitten dich, dir etwas mehr Zeit für dein Inneres Kind zu nehmen. Es ist wirklich wichtig, dass du deine Freude lebst und diese in deinen Alltag einbaust.

Alles, was dich vital, glücklich und leicht fühlen lässt, ist jetzt genau richtig und wichtig.

Verbringe auch viel mehr Zeit mit einem geliebten Menschen und lade dich wieder mit liebevollen Schwingungen auf.

Richte deine Aufmerksamkeit verstärkt auf Spaß, inneres Glück, inneren Frieden und Leichtigkeit und rufe uns Engel dazu, damit wir um dich herumtanzen können.

Dürfen wir dich mit unserer Energie der Lebendigkeit anstecken?

Distanz

Wir möchten dich daran erinnern, dass du ein sensitives und feinfühliges Wesen bist und die Energien um dich herum wie einen Schwamm aufsaugst.

Wenn du das Gefühl hast, dass dich aktuell bestimmte Umstände, Situationen oder Menschen mit schwerer Energie umgeben und dir nicht guttun, hast du das Recht, dich zu distanzieren.

Tritt einen Schritt zurück und gehe innerlich und/oder äußerlich auf Distanz! Du hast das Recht, gut für dich zu sorgen und dich zu schützen.

Mach alles etwas langsamer und rufe uns Engel in dein Energiefeld, damit wir einen Schutzschild um dich herum aufbauen können. Das wird dir helfen, deine Energie und Schwingung in dieser Situation wieder zu erhöhen und auf Abstand zu gehen.

Bitte uns darum, dass alles,
was dir nicht mehr dient, gehen darf!

Balance halten

Wir wissen, wie wenig Zeit du dir für dich selbst nimmst und dass dein Berufs- und Privatleben nicht mehr in Balance ist.

Du versuchst, es allem und jedem recht zu machen und überall zu helfen, aber dabei verlierst du immer mehr deine Verbindung zu dir selbst. Dein innerer Antreiber ist sehr laut und fordernd, sodass du deine Innere Stimme nicht mehr hörst.

Nimm dir jetzt die Zeit, um deinen Alltag wieder ins Gleichgewicht zu bringen. Achte darauf, dass du durchatmen und zur Ruhe kommen kannst. So sorgst du besser für deine eigenen Bedürfnisse.

Achte auf genügend Pausen, Spaziergänge alleine in der Natur, hochschwingendes Trinkwasser, gutes Essen und einen Plan für die Zukunft, wie du mehr Zeit für dich haben kannst.

Denke daran:

Nur wenn du gesund und ausgeglichen bist, hast du der Welt Geschenke zu geben!

Mother Earth

Du hast eine starke geistige Verbindung zu Mutter Erde und bist dadurch tief verwurzelt und beschützt.

Wir möchten dich daran erinnern, stark und liebevoll zu bleiben, auch wenn es zum jetzigen Zeitpunkt nicht ganz so harmonisch und friedlich bei dir abläuft. Lass nicht zu, dass Ängste und Sorgen dich aus dem Gleichgewicht bringen. Du bist nicht hier, um zu leiden oder dich schuldig zu fühlen, sondern um dich selbst zu lieben und anzuerkennen.

Mutter Erde hält, beschützt und umhüllt dich mit Liebe!. Sollten aktuell alte Themen wieder hochkommen und dich herausfordern, wisse, dass jetzt endgültig die Zeit gekommen ist, diese Themen anzunehmen und loszulassen.

Solltest du ein ungelöstes Mutterthema haben, ist jetzt die richtige Zeit, deinen Frieden damit zu finden und uns Engeln die Situation zu übergeben.

Du bist ein gesegnetes und geliebtes Kind dieser Erde! Vergiss das nie!

Erzengel Raphael

Ich bin Raphael und bringe dir smaragdgrüne Heilenergien. Mein Name bedeutet: *Gott heilt*, und ich sehe, dass du ein wenig meine Hilfe gebrauchen könntest.

Ich ermutige dich daher, dich ausgewogener zu ernähren, viel stilles Wasser zu trinken und dich viel mehr zu bewegen. Rufe mich, wenn du Unterstützung für mehr Gesundheit brauchst und dir auch heilsame und positive Gedanken für deinen Körper wünschst.

Du hast unglaubliche Selbstheilungskräfte, und wenn du mich dazubittest, werde ich diese gerne unterstützend aktivieren. Dein Körper hört jedes Wort und registriert jedes Handeln. Du hast also die Macht, ihn mit Liebe und Respekt sehr schnell wieder zu heilen.

Bitte kodiere dein Trinkwasser, indem du es mit einer Farbe deiner Wahl bestrahlst, kurz segnest und erst dann trinkst. Das wird einen großen Unterschied für dein Wohlbefinden machen.

*Rufe mich, wenn du Unterstützung
für mehr Gesundheit brauchst!*

Erzengel Raguel

Ich bin jetzt hier, um eine große Portion Harmonie über dich auszuschütten, denn du hast Gerechtigkeit und Frieden verdient.

Solltest du aktuell in Streitigkeiten oder in einen juristischen Fall verwickelt sein, rufe mich unbedingt dazu, ich werde dir helfen.

Prüfe alle Schriftstücke, Dokumente und Unterlagen ganz genau oder lass die Verträge von einem Profi prüfen, bevor du etwas unterschreibst.

Ich bin der Erzengel der Harmonie, und mein Name bedeutet: *Gottes Freund.*

Ich bringe dir den ersehnten Frieden
in alle deine Beziehungen!

Erzengel Azrael

Ich bin Azrael, mein Name bedeutet: *Er, der Gott hilft*.

Ich bin heute hier, um dir zu helfen, dich vor Veränderungen nicht zu fürchten. Wir Engel begleiten dich, damit du dich sicher und beschützt fühlst.

Wir wissen, dass Veränderungen anstrengend und herausfordernd sein und viele Ängste auslösen können. Aber es wird auch deinem höheren Wohl dienen und dir viele neue Türen öffnen. Ich helfe dir, leichter loszulassen und vertrauensvoll in deine Zukunft zu blicken.

Ich bin an deiner Seite in der Not und unterstütze dich, dein Herz zu heilen. Rufe mich einfach in dein Leben und spüre, wie ich dich mit meiner buttergelben Farbe sanft ummantele, damit du dich beschützt fühlen kannst.

Du bist nicht allein!

Nimm dir die nötige Zeit, um dich auf diese Veränderungen einzustellen, und gehe dann mutig deinen Weg weiter.

Erzengel Michael

Ich bin Michael, und mein Name bedeutet: *Er, der wie Gott ist.*

Ich bin in dieser Zeit ganz besonders für den Schutz aller jetzt inkarnierten Lichtarbeiter, also auch für DICH, da. Du hast dich als Seele berufen gefühlt, bei der Heilung der Welt in der Neuen Zeit, mitzuhelfen, und dafür danken wir dir sehr.

Wenn du dich wegen irgendeiner Sache fürchtest, wisse und vertraue, dass ich da bin, sobald du mich rufst. Ich komme niemals allein, sondern habe Legionen von Engeln dabei, die bereit sind, dich zu beschützen.

Du kannst mich auch jederzeit rufen, wenn du etwas oder jemanden loslassen möchtest. Du bist ein machtvolles und schöpferisches Wesen, und ich stehe mit meinem machtvollen Lichtschwert an deiner Seite, um alles zu entfernen, was dich schwächt oder dir schadet.

Ich bin der Erzengel des Schutzes und der Stärke, und du bist durch mein blaues Licht jetzt mit Schutz und Stärke gesegnet.

Das Universum

Wir überwachen deinen göttlichen Seelenplan und wissen um die Aufgaben, die deine Seele sich vorgenommen hat, hier auf der Erde zu erfüllen. Du hast einen großen Schritt in die richtige Richtung gemacht, und wir verneigen uns vor dir, geliebte Seele.

Du bist spirituell gewachsen, hast somit den nächsten Level erreicht und darfst richtig stolz auf dich sein.

Wenn du noch einmal zurückblickst, wirst du erkennen, dass du angekommen bist, auch wenn dir dieses Gefühl von Glück, Leichtigkeit und Vollkommenheit noch fremd ist. Du hast es manifestiert und bist jetzt genau am richtigen Platz und darfst dich freuen.

Falls du kurz davor stehst, auf etwas Neues zuzugehen, wirst du alles richtig machen und von uns Engeln von allen Seiten unterstützt.

Du darfst dich freuen!

Metatron

Ich bin Erzengel Metatron und unterstütze diesen wunderbaren Planeten bei seinem Aufstieg. Heute bin ich hier, um dir bei der Reinigung und Klärung deiner Energien beizustehen.

Du hast viel erlebt und viel gemeistert in deinem Leben, und jetzt ist die Zeit für neue und positive Energien in deinem Umfeld da. Du verdienst liebe Menschen um dich herum, die du jederzeit um Hilfe bitten darfst. Falls du dein Zuhause renovieren oder entrümpeln möchtest, wäre jetzt genau der richtige Zeitpunkt dafür. Und zögere auch hier nicht, andere Menschen um Hilfe zu bitten, damit du Unterstützung bekommst.

Wir ermutigen dich, alles aus deinem Leben zu räumen, was dich nicht mehr glücklich macht oder was du nicht mehr brauchst, damit die alten und angestauten Energien gehen dürfen und du neue und schönere Erfahrungen machen kannst. Deine Aufräumarbeiten setzen ein Zeichen für uns, um dein Energiefeld und deine Aura zu reinigen und zu harmonisieren. Dadurch wirst du viele großartige Erfahrungen in dein Leben ziehen.

Erzengel Zadkiel

Ich bin Zadkiel und bringe dir die Violette Flamme, damit du endlich die Altlasten loslassen und neue Wege gehen kannst. Meine Flamme wird nur Situationen lösen und entfernen, die einer Reinigung bedürfen. Streitereien, Bitterkeit und Missverständnisse werden sich auflösen und in Liebe und Mitgefühl verwandeln.

Öffne dein Herz für diese Situation und alle beteiligten Menschen, damit ich alle Verstrickungen und Blockaden lösen kann, wobei es vollkommen ausreicht, wenn du mich rufst oder dir eine Feuerstelle mit lila Flammen vorstellst, wo du alles hineinwerfen darfst, was du in Frieden umwandeln und verändern willst.

Deiner großartigen Transformation steht nichts mehr im Weg.

Wir sind so stolz auf dich!

Erzengel Orion

Halte dich gut fest, denn jetzt überschlagen sich die Ereignisse und vieles geschieht gleichzeitig. Die Zeit des Wartens ist vorbei, und deine Pläne manifestieren sich jetzt blitzschnell und mit viel guter Energie.

Wenn es dir jetzt doch zu schnell gehen sollte, erde dich gut und bleibe positiv auf dein Ziel fokussiert, denn es gibt kein Zurück. Deine Träume werden jetzt und in den nächsten Monaten erfolgreich umgesetzt, denn vieles wird sich für dich wie ein Wunder fügen.

Du bist aus Sternenstaub gemacht und trägst die magische Energie des Universums in dir, die Geistige Welt stärkt dir jetzt den Rücken.

Ich bin Erzengel Orion und bringe dir Wunder!

Kreatives Chaos

Du stehst am Beginn einer neuen und aufregenden Phase deines Lebens. Und auch wenn vieles sich noch chaotisch anfühlt und noch nicht richtig durchdacht ist, wirst du deinen Traum verwirklichen.

Wir ermutigen dich, an deine Träume zu glauben und nicht aufzugeben, wir werden dich durch das kreative Chaos führen und dich wohlwollend bei der Verwirklichung deiner Idee unterstützen.

Wenn du auf deine Innere Stimme hörst und nicht auf andere, die vielleicht nicht an dich glauben, wirst du bald viele Lösungen und Gelegenheiten finden, die dich weiterbringen.

Falls du zusätzliche Informationen von Experten und Profis brauchst, bitte uns um Führung, damit wir dich mit den richtigen Leuten zusammenbringen.

Du wirst instinktiv das Richtige tun!

Nur Mut!

Lösung

Du stehst kurz vor einem Wendepunkt in deinem Leben und hast dich gut vorbereitet. Vielleicht musst du noch eine wichtige Entscheidung treffen, um deine Situation endgültig zu klären oder zu lösen.

Wir führen dich durch diesen Prozess, und du darfst darauf vertrauen, dass es eine gute Lösung für deinen Neuanfang geben wird.

Solltest du vor einem beruflichen Neuanfang stehen oder etwas oder jemanden verloren haben, wird es jetzt bald eine göttliche Lösung für dein Problem geben.

Vertraue uns und deiner inneren Führung, du wirst bald staunen!

Sommersonne

Wir möchten dir gratulieren! Für dich brechen neue Zeiten voller Lebensfreude, Erfolg, Selbstverwirklichung und guter Gesundheit an.

Diese neue Phase in deinem Leben bringt dich endlich auf die Sonnenseite deines Lebens und ist ein neuer Zyklus in deinem Leben.

Halte jetzt an deiner positiven Einstellung, deinen Ideen und Eingebungen fest und halte deine Schwingung weiter so hoch, damit sich alles, was du dir wünschst, in dein neues Leben hinein manifestieren kann.

Du wirst öffentliche Anerkennung, großartige Veränderungen und Fülle erleben.

Wir tanzen vor Freude um dich herum,
kannst du es fühlen?

Violette Flamme

Wir sehen, dass du alte Themen loslassen und klären willst, um zurück in die ursprüngliche göttliche Harmonie zu kommen, weil du dich nach Frieden und Leichtigkeit sehnst.

Wir sind mitten im Aufstiegsprozess und immer mehr Licht strömt jetzt in deinen Körper und deine Seele, damit alles Schwere und Niedrigschwingende sich auflösen kann. Das ist die neue Zeitqualität – und ein Segen für dich.

Es gibt ein Geschenk aus der Geistigen Welt, die *neue* Violette Flamme, die alles klärt und reinigt, damit du in Harmonie kommst.

Du brauchst uns, die Hüter der neuen Violetten Flamme, nur zu rufen und dir vorzustellen, wie eine durchsichtige violett-kristall-goldene Flamme sich spiralförmig um dich herum aufbaut und diese heilige Flamme, die nicht von dieser Welt ist, alles Disharmonische ins reine, leichte und göttliche Liebeslicht zurückbringt.

Dein innigster Wunsch dazu reicht aus!

Mondschein

Wir sehen deine Ängste und deine Sorgen. Wir sind hier, um dir zu sagen, dass diese Zeit wichtig für deine Entwicklung ist. Du wirst wieder deine Anbindung an uns fühlen und deine Innere Stimme hören.

Nimm deine Ängste ernst, schau genau hin, fühle – und dann lass los. Und: Lass dich nicht zu sehr davon beeinflussen, da diese Situation nur vorübergehend sein wird.

Hinter deiner größten Angst liegt dein größtes Geschenk. Wenn du dich von deiner Intuition führen lässt und darauf vertraust, dass du geführt bist, wirst du göttliche Führung erhalten und an dieser Sache enorm wachsen.

Achte auf die nächsten Mondphasen. Beim nächsten Vollmond kannst du deine Angst leichter loslassen. Schreibe deine Angst auf einen Zettel, rufe uns Engel dazu und verbrenne diesen Zettel mit deiner Absicht, diese Blockade jetzt zu lösen. Verstreue die kalte Asche bei Mondschein im Wind.

Du wirst gehalten, geführt
und beschützt!

Innere Erkenntnis

Die Antwort, die du suchst, schicken wir dir in Form von Gefühlen und Emotionen und bitten dich, dich davon führen zu lassen. Achte auf deine Träume, dein inneres Gespür und auf dein Bauchgefühl, da dich deine Gefühle wie ein Navigator leiten. Darauf darfst du vertrauen.

Ziehe dich ein wenig zurück und bringe deine Aufmerksamkeit von außen nach innen.

Bitte uns Engel um Führung und Geduld, da die Dinge manchmal ihre Zeit brauchen. Du wirst spüren, wenn der richtige Zeitpunkt da ist. Dann kannst du spielend handeln und auf diese Situation reagieren.

Lass dich bitte von deiner
inneren Stimme leiten!

Sternenhimmel

Wir möchten dich ermutigen, in dieser Angelegenheit vertrauensvoll in die Zukunft zu blicken, da du jeden Grund zum Feiern haben wirst.

Das Schlimmste hast du jetzt hinter dir und darfst jetzt auf eine gute Zukunft setzen und langfristige Pläne schmieden. Du darfst deine Vision eines guten Lebens für dich manifestieren, und wir helfen dir dabei.

Alle Schritte, die du ab jetzt in diese, deine neue Zukunft unternimmst, werden von uns Engeln der Sterne unterstützt und gefördert. Schau mal öfter nachts in den klaren Sternenhimmel, vielleicht bemerkst du etwas oder bekommst ein Gefühl von Begeisterung und Vertrauen – für dich selbst und deine großartige Zukunft.

Du hast allen Grund zur Freude,
wir verneigen uns vor dir!

Umbruch

Wir möchten dich ermutigen, jetzt den nötigen Umbruch in deine neue Lebensphase vorzunehmen, da du nicht mehr länger abwarten kannst.

Diese Situation hat mit Veränderung und Erwachen zu tun und ist eine Zeit der Befreiung, Du hast bereits viele Zeichen als Weckruf erhalten, damit du diese alten und einengenden Verhältnisse beendest.

Durch die Geschehnisse in der letzten Zeit hast du ein verändertes Bewusstsein entwickelt und siehst die Dinge klarer. Und mit dieser neuen Sichtweise und deinem neuen Mut bist du jetzt bereit, dich aus alten, nicht mehr passenden Strukturen zu befreien. Kämpfe jetzt nicht mehr dagegen an und brich aus Sicherheiten aus, die nur scheinbare Sicherheiten sind, damit du einen neuen Start hinlegen kannst.

Im Nachhinein wirst du den Sinn hinter dieser Veränderung verstehen und der ganzen Sache nicht mehr nachtrauern.

Du wirst dich befreit fühlen!

Wachstum

Die kommenden Wochen und Monate stehen unter einem guten Stern und werden dir viele Wachstumschancen bieten. Alles, was du tust, wird auf fruchtbaren Boden fallen, deine Kreativität und geleistete Arbeit werden belohnt.

Ob berufliche Fortschritte, neue Projekte oder privat in Form von Partnerschaft und Mutterschaft – alles ist möglich.

Wir möchten dich ermutigen, dein neues Wachstum zu feiern und es zu genießen, da du es dir so sehr verdient hast.

Vertraue darauf, dass du die Fähigkeiten hast, aus dir heraus zu schöpfen und zu kreieren und diese Gaben erfolgreich in die Welt zu bringen.

Alles ist möglich!

Neue Türen öffnen sich

Es fängt ein neuer Lebenszyklus an und neue Türen öffnen sich für dich. Du brauchst dich nicht zu sorgen oder zu beeilen, alles geschieht genau zum richtigen Zeitpunkt.

Statt auf Nummer sicher zu gehen, bist du aus deiner Komfortzone herausgetreten und hast dich für neue Erfahrungen entschieden. Jetzt gibt es kein Zurück mehr, und das ist genau richtig so.

Wir stehen hinter dir und begleiten deine neue Lebensphase. Wir Engel fördern deinen Mut und deine positive Power sehr und halten unsere schützende Hand über dich.

Alles wird sich genau zur richtigen Zeit fügen, und deine neuen Veränderungen sind ein Segen für dich!

Gesunder Lifestyle

Wir möchten dich anspornen, deinen Lifestyle und deine Lebensgewohnheiten zu überprüfen und zu verbessern.

Jetzt ist ein guter Zeitpunkt, deine Ernährung, Bewegung und Ruhepausen zu optimieren, damit du viel mehr Energie am Tag und viel mehr Erholung in der Nacht durch einen besseren Schlaf bekommst.

Wenn du gut auf deinen Körper achtest, verbessern sich dein Selbstwertgefühl und deine Selbstliebe automatisch. Andere Menschen werden das spüren und dich mit mehr Respekt behandeln.

Du bist für viele Menschen ein Fels in der Brandung und wertvoll, deshalb sorge gut für dich, denn nur wenn es dir rundherum gut geht, geht es auch deinen Lieben gut.

Auch deine tägliche spirituelle Verbindung zu uns trägt viel zu einer gesünderen Lebensweise bei. Meditieren, Durchatmen und gute Gedanken nähren dich aktuell sehr.

Unfrei

Wir möchten dich daran erinnern, dass dein Gefühl von Sinnlosigkeit, Mutlosigkeit und Abhängigkeit stark mit deinem Selbstwertgefühl zu tun hat und jetzt die Zeit für eine andere Perspektive in deinem Leben ist.

Du hast dich deinen Ängsten überlassen und dich als Opfer der Umstände gesehen. Wir möchten dich bitten, uns mit ins Boot zu holen, damit wir eine neue Zukunft mit dir gemeinsam kreieren können.

Du könntest ab sofort deine innere Leere mit Spiritualität, Meditation und Selbstliebe füllen und alle lieblosen Beziehungen mit unserer Hilfe loslassen und beenden, denn niemand, außer dir selbst, hat Macht über dein Denken und Fühlen. Jegliche Abhängigkeit darf sich auflösen und gehen – wenn du es willst.

Überlasse deine Ängste uns und deiner göttlichen Quelle, mit der du eins bist, und wir werden dir helfen. Du verdienst inneren und äußeren Frieden.

Du bist geliebt, geführt und gehalten!

Perfekter Zeitpunkt

Jetzt ist der beste Zeitpunkt für eine Veränderung in deinem Leben, damit sich dein Wunsch erfüllt.

Wir Engel haben alles für dich perfekt organisiert und ein Energietor für dich geöffnet, durch das du jetzt ganz leicht hindurchtreten kannst. Nutze dieses göttliche Timing und mache die ersten Schritte. Zögere jetzt nicht mehr, du bist nicht allein und wirst nicht nur von uns unterstützt.

Du hast Hilfe aus der Geistigen und materiellen Welt!

Solltest du noch etwas unsicher sein, bitte uns verstärkt in dein Leben, damit du diese Veränderung nicht mehr länger hinauszögerst und du spüren kannst, dass du Rückenwind hast.

Triff klare Entscheidungen und komme ins Handeln!

Bewahre dir dein Vertrauen und deinen Glauben an deine Zukunft, mache einen Schritt nach dem anderen und fang heute noch damit an.

Du wirst dein Ziel erreichen!

Lass diese Veränderung jetzt zu und lass das Alte behutsam zurück, vertraue dem perfekten Zeitpunkt, den wir in Absprache mit deiner hohen geistigen Führung für dich gewählt haben.

Vertraue, und leg los!
Jetzt!

NEIN!

NEIN, besser nicht!

Dankbarkeit

Nimm dir heute Zeit, um alles aufzuzählen, was du in deinem Leben hast und was du liebst. Tu es täglich, mach es schriftlich! Es ist wichtig, dass du dich darauf fokussierst, was du alles bereits hast, statt darauf, was dir fehlt.

Dankbarkeit ist Magie, denn sobald du aufrichtig dankbar bist, erhöhst du sofort deine Energie, und deine Aura wird bunt und weit. Wir Engel lieben das und sehen es sofort. Für uns ist das ein starkes Zeichen, dir noch mehr Geschenke zu schicken, wofür du dankbar sein wirst.

Wenn wir uns dankbar fühlen, lassen wir all das Gute in unser Leben hinein und sind sofort mit unserer Quelle verbunden. Jede Angst, jede Unzufriedenheit und jeder Selbsthass lösen sich auf und verschwinden.

Wenn du ab sofort täglich, am besten morgens, deine Dankbarkeit zelebrierst, wirst du erstaunt sein, was sich in ein paar Tagen an positiven Veränderungen und Segnungen ergeben wird.

Wir unterstützen dich so gerne dabei, denn das größte Geschenk, das wir Gott zurückgeben können, ist Dankbarkeit.

Zelebriere deine Dankbarkeit!

Licht

Du darfst ganz und gar deinem Schutzengel vertrauen, er wird dich führen, und wo immer es Spannungen gibt oder du das Gefühl von Stagnation hast, wird er dir helfen, eine gute Lösung für diese Situation zu finden.

Achte auf mehr Gelassenheit, Harmonie und Frieden in dir, damit du die Stimme deines Schutzengels besser hören oder fühlen kannst. Gerade in Krisenzeiten wird er dich besonders machtvoll leiten und zum Licht führen.

Wir möchten dich daran erinnern, dass du ein spirituelles, göttliches und machtvolles Wesen bist. Dass du zu jeder Zeit Harmonie und Frieden verdienst und mit Hilfe der Engel diese Energien in deinem Leben manifestieren kannst und wirst.

Durch Gelassenheit, Selbstvertrauen und Selbstachtung wirst du jetzt den größeren Zusammenhang verstehen und meistern.

Bist du bereit, das Licht in dir zu aktivieren?

Ende

Wir möchten dich ermutigen, diese Angelegenheit jetzt abzuschließen und zu beenden.

Es ist Zeit, jetzt das Alte loszulassen und dich für etwas Neues zu öffnen, auch wenn du das Neue noch nicht sehen kannst. Vielleicht hast du es schon länger gespürt, dass die Zeit des Abschieds gekommen ist, und du bist bereit dafür. Vielleicht spürst du Angst und Widerstand.

Wir möchten dich daran erinnern, dass du nicht alleine bist und wir dich sehr gerne bei dieser Veränderung unterstützen möchten, um dir die Angst vor der Zukunft zu nehmen. Bitte rufe uns in diese veränderte Lebensphase hinzu, damit wir helfen dürfen.

Falls du unfreiwillig vor dem Ende einer Situation stehst, lass dir Zeit für deine Gefühle und öffne dich für unsere Hilfe, aber auch für die Hilfe von lieben Menschen um dich herum. Es geschieht alles zu deinem Besten.

Bitte vertraue!

Ausdauer

Vor dir liegt eine Zeit, in der du deine Pläne durchsetzen kannst. Wichtig sind jetzt Ausdauer, Struktur und Verantwortung, damit deine Wünsche verwirklicht werden können. Dein Wunsch, erfolgreich zu sein, ist greifbar nah.

Schaffe Ordnung und Disziplin und plane detailliert, damit du erfolgreich bist. Bitte uns gerne dazu, damit wir dich in allen Belangen unterstützen können. Wir werden dir zusätzlich Halt und Sicherheit geben, damit du ans Ziel kommst.

Schiebe die Dinge jetzt nicht mehr auf, komme ins Tun, und du wirst Schritt für Schritt dein Ziel erreichen.

Gib nicht auf, wir Engel unterstützen dich, und du wirst mit Ausdauer deinen Traum erschaffen und verwirklichen können!

Komme ins Tun!

Wendezeit

Du hast uns gefragt, und wir stehen hinter dir, da du vor einem Wendepunkt stehst. Du hast das Gefühl, es geht nicht mehr weiter und du kommst nicht voran. Jetzt ist die Zeit, um die Dinge aus einer anderen Perspektive zu betrachten.

Vielleicht ist es erforderlich, dass du die Dinge anders machst als bisher und ungewöhnliche Lösungen findest. Lass den Dingen Zeit, damit sich ein kreativer Raum eröffnet und sich komplett neue Energien, und somit eine neue Herangehensweise, entwickeln können.

Wenn du den ersten Schritt in diese Richtung tust, werden unerwartete Lösungen auftauchen. Vertraue deinem Weg und hab die Geduld, dass sich alles zur richtigen Zeit entfaltet.

In der Ruhe liegt nicht der Stillstand, sondern der Fortschritt, der noch nicht sichtbar ist!

Karma

Wir möchten dir sagen, dass altes Karma gerade aufgelöst und geheilt wird. Die Zeit ist reif, und alle Zeichen stehen auf Veränderung. Wenn sich alte Themen und Blockaden lösen, entstehen manchmal Chaos und Verwirrung. Hab Vertrauen, dass, wenn sich der Staub legt, das Schöne zum Vorschein kommen wird.

Wage mutig den Schritt nach vorne, damit du große Fortschritte manifestieren kannst, wir helfen dir gerne dabei.

Wisse, dass du alles in dir hast,
diese Aufgabe jetzt zu lösen und
zu heilen!

Erzengel Michael wacht über dich und begleitet dich durch diese Zeit. Du bist in Sicherheit!

Selbsterkenntnis

Wir möchten dich ermutigen, viel Zeit mit dir alleine zu verbringen, damit du herausfinden kannst, was du wirklich willst. Nutze diese innere Einkehr, um alles noch einmal gründlich zu überdenken. Klarheit und viel Ruhe sind jetzt wichtig, um spirituelles Wachstum und Neuausrichtung für deine weitere Zukunft zu erfahren.

Gönne dir Stille, Meditationen, schöne Naturlandschaften und lange Spaziergänge. Deine spirituelle Reise in dein Inneres wird dir viele Einsichten und Eingebungen bringen. Wir werden dir viele Ideen, Zeichen und Botschaften in dieser Zeit schicken, und du wirst uns endlich hören, da du bisher viel zu beschäftigt warst, um uns zu bemerken.

Bitte uns um Führung. Wir sind für dich da, auch um deinen Rückzug aus der lauten Welt für eine kleine Weile zu ermöglichen.

Ein kleiner Urlaub würde dir jetzt helfen, deine innere Stimme klar und deutlich zu hören, um danach alles in Gang zu setzen.

Fairness

Triff jetzt eine Entscheidung, die für alle Beteiligten fair und gerecht ist. Du bist jetzt aufgerufen, nach deiner inneren Stimme zu handeln und das Richtige zu tun, auch wenn es anderen Menschen nicht passt.

Wichtig ist, dass du dir selbst treu bleibst und für deine Überzeugung einstehst. Überprüfe aber auch deine Werte und Einstellungen, ob sie noch Gültigkeit für dich haben.

Solltest du dir mit einem bestimmten Menschen Frieden und Gerechtigkeit wünschen, bitten wir dich, diesen Konflikt jetzt zu beenden und auf die Person zuzugehen.

Bitte uns Engel, allen Seiten Fairness und Gleichberechtigung zu schenken, damit alle auf Augenhöhe miteinander sprechen können.

Entscheide dich für Gerechtigkeit!

Aufbruch

Du darfst jetzt ruhig viel mutiger sein und dich auf etwas Neues einlassen. Wir stehen um dich herum und singen deinen Namen.

Lass Altes zurück und fange etwas völlig Neues an, es wird dir nicht nur gelingen, sondern du wirst deine großen Ziele erreichen und andere inspirieren, das Gleiche zu tun.

Du wirst alle Herausforderungen meistern und viel Spaß haben, wenn du einfach losgehst und dich mutig in dein Abenteuer stürzt. Auch Reisen oder neue Bekanntschaften stehen für dich an und werden dich aufblühen lassen.

Falls du lange für etwas gekämpft hast, wirst du jetzt endlich Erfolg haben und darfst richtig stolz auf dich sein.

Wir sind es schon so lange!

Manifestor

Wir sehen dich zögern und manchmal verharren. Wir möchten dir ausdrücklich versichern, dass jetzt die richtige Zeit gekommen ist, zu handeln und die Initiative zu ergreifen.

Werde jetzt aktiv, gehe mutig und überzeugt auf deine Aufgabe oder auf Menschen zu und mach den ersten Schritt.

Zögere nicht mehr und warte nicht mehr länger!

Wenn du unsicher bist, bitte uns Engel um innere Stärke und innere Zentriertheit, und dass wir dir die Türen öffnen. Aber durchgehen musst du selbst! Du bist eine Königin, ein König deiner Erfahrungen und wirst schnelle und unerwartete Gelegenheiten mit unserer Hilfe bekommen oder erschaffen, weil du jetzt bereit bist und ins Handeln kommst.

Du bist so viel mehr, als du glaubst, denkst oder fühlst. Du bist der Schöpfer deiner Welt. Ein Manifestor!

Los geht's! Wer, wenn nicht du!
Und wann, wenn nicht jetzt!

Große Liebe

Glückwunsch! Dein Herz öffnet sich jetzt für die Liebe, und wir freuen uns sehr für dich. Dieser Mensch wird dein Herz schneller schlagen lassen und dich ein ganzes Stück auf deinem Weg begleiten.

Da dies eine Herzensentscheidung verlangt, triff jetzt eine verbindliche Entscheidung und öffne dich für die Liebe auf allen Ebenen.

Wichtig ist jetzt Vertrauen und dass du deine Gefühle und Gedanken ehrlich dem anderen mitteilst, damit es nicht zu Missverständnissen kommt.

Triff deine Entscheidung in dieser Angelegenheit aus vollem Herzen und stehe dann dazu.

Triff eine verbindliche Entscheidung.

Du hast die große Liebe verdient,
und jetzt ist sie da!

Starpeople

Dein Wirken und Sein auf dieser Erde hat einen tieferen Sinn. Wir wissen, dass du oft verzweifelt bist und dich fremd fühlst, so, als würdest du nicht dazugehören.

Du bist die Verkörperung von Sternenlicht und bringst Wahrheiten und Wissen aus anderen Sphären unter die Menschen, und deine Anwesenheit ist für viele pure Medizin.

Wenn du den Sternenhimmel betrachtest und zu uns hochschaust, schicken wir dir aus deiner geistigen Heimat jede Unterstützung, die du brauchst. Denn du bist für genau diese Neue Zeit geboren und dein helles Licht wird gebraucht.

Folge deiner inneren Führung und deiner Weisheit, auch wenn du nicht immer den Weg kennst, du kannst nicht verloren gehen, du wirst von uns Sternen-Lichtwesen geführt.

Du hast eine ganz besondere Mission und machst deine Sache ausgezeichnet, indem du diesen neuen Weltenzyklus einläutest. Du musst das nicht mit deinem Verstand zerpflücken, sondern nur deinem Herzen und deiner inneren Stimme folgen.

Dich selbst glücklich machen

Wir sehen dich und möchten dich ermuntern, dein Glück nicht von anderen Menschen abhängig zu machen. Du hast alles in dir, um dir selbst die Liebe und Anerkennung zu schenken, die du dir so sehr wünschst.

Hör auf, anderen etwas beweisen zu wollen. Dein Inneres Kind wartet auf deine Anerkennung und deine Liebe zu ihm, und nur du kannst sie ihm geben.

Worauf willst du dich fokussieren? Wovon möchtest du mehr? Dann konzentriere dich auf diese Dinge und male sie dir in den schönsten Farben aus. Wir würden uns sehr freuen, wenn du uns bei der Klarheit und Erfüllung deiner Wünsche mit einbeziehen würdest, denn wir stehen im Kreis um dich herum und unterstützen dich sehr gerne.

Baue eine tiefe Freundschaft zu dem kleinen Mädchen oder Jungen in dir auf und frage dich täglich, was du für dein Inneres Kind tun kannst. Wenn du die Antwort bekommst, dann halte dich unbedingt daran, das ist wichtig.

Wenn du etwas gerne tun oder etwas lassen möchtest, dann mach das jetzt oder so schnell wie möglich. Wir helfen dir dabei.

Schiebe deine Bedürfnisse nicht auf morgen!

Gottvertrauen

Wir bitten dich verstärkt um Gottvertrauen, du hast allen Grund zur Zuversicht in dieser Situation, auch wenn es im Moment nicht so aussieht.

Jetzt ist eine gute Zeit, um alte Glaubenssätze zu überprüfen und der Neuen Zeit anzupassen. Alles, was dich nicht lebendig fühlen lässt, ist veraltet und passt nicht mehr zur neuen Energie der heutigen und neuen Welt.

Solltest du den Wunsch nach mehr Gleichgesinnten und Seelenverwandten spüren, ist jetzt die perfekte Zeit dafür, diese Menschen in dein Leben zu ziehen. Bitte uns um Führung und Leitung, damit wir dich zu den richtigen Menschen oder einer spirituellen Gruppe führen können.

Du bist ein Lichtarbeiter und gehst jetzt mit einem starken inneren Glauben deinen Weg. Dich erwarten totale Erfüllung und Glück.

Du wirst bald den Sinn dahinter finden und verstehen!

Fehler

Wir sind heute hier, um dir zu sagen, dass es vollkommen in Ordnung ist, auch mal Fehler zu machen oder falsche Entscheidungen getroffen zu haben.

Das gehört zum Leben auf der Erde dazu und bedeutet nur, dass du Erfahrungen machst und daraus lernst. Und ja: Du bist hier, um so viele Fehler wie möglich zu machen.

Wenn aktuell alte Geschehnisse und Erfahrungen erneut auftauchen, dann nur, um noch einmal angeschaut und dann losgelassen zu werden.

Du bist hier, um anderen zu helfen und selbst Hilfe und Unterstützung zu erhalten!

Geh mutig deinen Weg weiter und schau gelassen nach vorne. Wir führen dich mutig voran, sodass du nicht stehen oder in der Vergangenheit hängen bleibst.

Wenn du die ersten Schritte gegangen bist, werden sich neue Gelegenheiten ergeben und Türen öffnen, die vorher nicht da waren.

Naturgeister

Wir haben so lange auf diesen Zeitpunkt gewartet und sind überglücklich, dass die Neue Zeit da ist. Du bist vielleicht überrascht, wenn wir dir jetzt sagen, dass du eine tiefe Verbindung zu uns Naturwesen hast.

Für uns spielt Zeit keine Rolle und für dich, deine Essenz, auch nicht. Deine klare reine Absicht, dich mit uns zu verbinden, reicht völlig aus. Wir sehen dich und laden dich ein, deine Hellsinne auf uns zu richten.

Vieles wird sich verändern, und das ist gut so, alles verläuft nach göttlichem Plan, und du spielst eine wichtige Rolle in dieser aufregenden Zeit. Du hast diese Neue Welt mitgestaltet und bist ein Teil von uns, wir haben auf dein Licht gewartet.

Es wird kein Zurück mehr geben, und wir helfen dir dabei, etwas Besseres zu erschaffen als jemals zuvor. Vertraue, atme und tanke Sonnenlicht, du wirst uns wahrnehmen, und wir sind da für dich.

Jetzt geht es um etwas Größeres! Deine klare Absicht, helfen zu wollen und vorauszugehen, reicht für deine Mission hier auf der Erde vollkommen aus.

Du wirst jetzt gebraucht!

JA!

Von ganzem Herzen: JA!

Angstfrei lieben

Wieviel Liebe erlaubst du deinem Herzen? Wir sehen die Wände, die du um dein Herz aufgebaut hast, und deine Narben. Jedoch können wir Engel dir nur so viel Liebe in dein Leben bringen, wie du uns erlaubst, und du kämpfst auf mentaler Ebene mit uns, willst die Liebe nicht zulassen.

Eine Herzenswand ist ein Schutzschild und stößt den Liebespartner ab, den du versuchst anzuziehen, weil du feinstofflich Angst und Ablehnung aussendest und der andere Mensch diese Angstenergie mental empfängt.

Bitte uns Engel, deinen Schutzschild zu entfernen und aufzulösen. Stell dir dafür gedanklich dein Herz in einem strahlend goldenen Licht vor und wie es in dieser Farbe badet und sich öffnet. Du brauchst keine Herzenswand, es gibt nichts, vor dem du dich schützen musst, es gibt nichts, was du kontrollieren musst.

Kannst du es jetzt zulassen,
zu lieben und geliebt zu werden?

Dein Weg

Du stehst an einer Wegkreuzung, und wir sind an deiner Seite, um dir zu helfen, deinen Weg zu finden, obwohl es viele Richtungen gibt, die du einschlagen darfst und kannst. Wir werden dich dabei begleiten.

Wir jubeln, wenn du den Weg wählst, der dein Herz öffnet und dich strahlen lässt. Dieser Weg darf leicht und anmutig sein, und du verdienst es, den Weg deines Herzens zu gehen.

Das Leben will gelebt, genossen und geliebt werden und darf ausdrücklich Spaß machen. Du bist nicht hier, um zu leiden, und auch wenn du durch Tiefen gehst, gibt es immer einen Weg ins Licht, und unsere Hilfe ist dir jederzeit sicher.

Wisse, du bist auf jedem deiner Wege richtig, um deine Erfahrungen zu machen, dafür bist du hier.

Lass heute dein Herz entscheiden!

Du bist das Wunder

Du bist das Wunder in diesem Universum, du bist pure Liebe und verdienst die liebevollsten Beziehungen, die du dir vorstellen kannst.

Wir sind heute hier, um dir zu sagen, dass wir deine Essenz sehen und du eine liebevolle Seele bist, die es verdient, Liebe zu erhalten. Wir öffnen jetzt dein Herz und segnen dich, damit du die Liebe auch finden und annehmen kannst. Sollten alte Ängste dich zurückhalten, sind wir bereit, diese jetzt mit deiner Erlaubnis für immer zu lösen.

Außerdem werden wir dir dabei helfen, wieder Vertrauen zu empfinden, damit du den Mut findest, dich für Wunder zu öffnen.

Lerne jetzt, nicht nur zu geben, sondern auch Liebe anzunehmen, erkenne dein großes Herz und die Liebesenergie an, damit du dein eigenes Wunder spüren kannst.

Spüre dein eigenes Wunder!

Göttin

Die Antwort, die du suchst, liegt in dir und zeigt sich durch deine Träume, deine innere Stimme und deine Intuition. Du bist so viel weiser und magischer, als du denkst, denn du trägst uraltes Wissen in dir, du mystische Seele.

Als spirituelle Lehrerin oder spiritueller Lehrer wirst du von der weiblich-göttlichen Kraft geführt und geleitet und hast eine tiefe Verbindung zu ihr, durch alte und erlebte Inkarnationen. Du fängst hier nicht bei null an, sondern hast starke mystische Kräfte mitgebracht und erarbeitet, die jetzt aktiviert werden wollen.

In dieser Situation ist es wichtig, dich von deinen Gefühlen leiten zu lassen und ihnen zu vertrauen. Achte auf die Mondphasen wie Neumond, Vollmond oder Mondpausen, und studiere die Energien, die damit zusammenhängen, das wird dich enorm weiterbringen.

Vertraue der Göttin in dir, sie wird dich sicher, furchtlos und machtvoll führen!

Friedensengel

Wir Friedensengel sehen dich manchmal kämpfen und innerlich verzweifeln. Wir möchten dich daran erinnern, dass du dich für inneren Frieden und Harmonie entscheiden kannst, um dich aus dieser Situation zu erheben.

Wir wissen, dass du ein starkes Gerechtigkeitsempfinden hast und für deine Werte einstehst, dennoch kann es manchmal wichtig sein, den Wunsch des Rechthaben-Wollens loszulassen, um unnötigen Streit zu vermeiden.

Rufe uns an deine Seite, damit wir dir dabei helfen dürfen, den Druck aus der Sache herauszunehmen, um die Situation zu entspannen. Wir sehen die Dinge aus einer höheren Warte und versichern dir, dass es jetzt wichtiger ist, deine Kraft zu sparen und deinen Frieden zu finden.

Wisse, dass auch ohne deinen Kampf sich die Dinge klären und ans Licht kommen werden. Wir, die Geistige Welt, arbeiten hinter den Kulissen.

Entscheide du dich jetzt für deinen inneren und äußeren Frieden!

Lichtarbeiter

Wir sehen dich in deiner prachtvollen Essenz, und du bist das reinste Licht, wie die stärksten Sonnenstrahlen, die du dir vorstellen kannst.

Mit jedem Zögern, Warten, deine Wahrheit nicht auszusprechen, nicht zu handeln, dich anzupassen und dich klein zu machen, dimmst du dein Licht auf die Größe eines Teelichts.

Du wundervolle Seele, die du so mutig warst, in dieser Neuen Zeit zu inkarnieren, um diese heilige Zeit anzuführen und einzuläuten, du darfst jetzt mit voller Unterstützung von uns dir deinen Raum nehmen und dir sicher sein, dass du den Unterschied auf dieser Welt machen wirst.

Du darfst jetzt mutig deine natürlichen Gaben und Fähigkeiten, die du extra dafür mitgebracht hast, mit der Welt teilen, und wenn deine Intention zum Wohl aller bleibt und ist, wirst du sehr erfolgreich sein.

Jetzt ist deine Zeit, lass dein Licht zum Wohle des Ganzem endlich in voller Kraft strahlen!

Unvermeidbar

Deine Wünsche, Ziele und Visionen sind kurz davor, in Erfüllung zu gehen, und dein Erfolg ist unvermeidbar. Du wirst von uns Engeln der Erfüllung geleitet, auf dass du weiterhin an dich selbst glaubst und dich auf dein Ziel fokussierst.

Es gibt jetzt nichts, was du nicht erreichen könntest, denn du hast deine alten Muster der Zweifel und Selbstsabotage erkannt und umgewandelt. Wir erkennen deine Arbeit an deinem Selbstwertgefühl und deiner Persönlichkeit hoch an.

Du hast alle Fähigkeiten in dir, um an deinem Traum festzuhalten und ihn umzusetzen, du verdienst Erfolg auf allen Ebenen, und wir helfen dir jetzt dabei.

Halte deine Gedanken und deine Einstellung weiterhin positiv, und alles wird sich auf das Wunderbarste entwickeln. Du bist auf dem richtigen Weg zu Fülle und Erfolg.

Lass alle Sorgen los und fühle Gottes Segnungen auf allen Ebenen!

Krafttier

Wir Engel sehen deine tiefe Verbindung zu Tieren und senden dir über die Tiere Hilfe und Unterstützung. Es sind aber nicht nur die Tiere in deiner Umgebung, die dir Kraft und Liebe schenken, sondern auch die inneren Krafttiere. Du hast eine tiefe Verbindung zu deinem inneren Krafttier.

Vertraue dem mächtigen inneren Krafttier, um in deine eigene Power zu kommen. Bitte uns Engel, dir dein inneres Krafttier zu zeigen, sprich ein kleines Gebet, schließe deine Augen und atme dreimal tief ein und aus, und bitte dann dein Krafttier, sich dir zu zeigen. Vertraue dem ersten Bild oder Gefühl, das du von deinem Tier erhältst.

Verbinde dich eine Zeit lang täglich mit deinem Krafttier, um die Stärke und Macht deines Tieres zu fühlen. Diese Energien sind es, die du zur Zeit am meisten brauchst. Nimm dir Zeit für dein Krafttier, es wartet nur auf dich und wird dir anmutig zur Seite stehen, mit all seinen spezifischen Eigenschaften, die auch deine sind und jetzt von dir aktiviert und gebraucht werden.

Vertraue auf die Botschaften!

Entspann dich

Wir ermutigen dich heute ausdrücklich, deinen gestressten Körper zu entspannen. Dein Körper sehnt sich sehr danach, und wir helfen dir dabei.

Bringe deine Aufmerksamkeit von außen nach innen und schließe deine Augen, um dich zu spüren. Wie fühlt sich dein Körper an? Welche Stellen sind besonders verspannt, hart oder schmerzhaft?

Sprich jetzt ein kurzes Gebet und bitte uns Engel, alle diese Stellen mit Wärme und Farben zu entspannen.

Atme tief ein und aus, und lass los!

Spüre nach. Es ist ein herrliches Gefühl, einfach alles loszulassen!

Wann immer du deinen angespannten Körper bemerkst, erinnere dich an diese kleine Übung und wiederhole die Schritte.

Ist dir bewusst, was für eine Gnade es bedeutet, einen Körper zu haben und ihn gut zu behandeln?

Schnüre durchtrennen

Manche Verbindungen beruhen nicht auf gegenseitiger Achtung und kosten dich viel Kraft. Wir Engel können dir ganz leicht bei einer Art Hausputz deines energetischen Körpers helfen und alte Verletzungen und ungute Verbindungen lösen, wenn du es willst.

Du brauchst keine Angst zu haben, es werden nur Schnüre durchtrennt, die dir nicht mehr nützlich sind und dich unnötig in alten Situationen festhalten, dadurch entstehen Blockaden.

Wenn du bereit bist, atme tief ein und aus und bitte uns Engel, diese alten Schnüre jetzt zu entfernen. Wir kommen deiner Bitte gerne nach. Vielleicht spürst du etwas an deinen Schultern oder deinem Oberkörper?

Vertraue darauf, dass nur Verbindungen gelöst werden, die nicht mehr der göttlichen Ordnung entsprechen, und du wirst Hilfe erhalten.

Dein inniger Wunsch dazu reicht aus!

Geistführer

Wir Engel und deine Geistführer arbeiten Hand in Hand für dein Aufblühen, wir sind deine Verbündeten und immer für dich da. Wir sind sozusagen dein *Special-Team*!

Heute möchten wir dich daran erinnern, dass du deine Macht an andere Menschen abgegeben hast und jetzt der Zeitpunkt da ist, dir deine Macht zurückzuholen. Erlaube externen Mächten nicht mehr, dich von deiner spirituellen Macht abzulenken.

Übergib alle deine Sorgen uns, deinem Team, damit wir dir über deine Intuition Botschaften und Antworten schicken können. Höre auf deine innere Stimme. Du kannst jetzt diese Situation ganz leicht korrigieren und deine persönliche Kraft zurückrufen.

Vertraue höheren Mächten, und vertraue dir selbst, du bist nicht allein und wirst von deinen Geistführern geliebt und geführt.

Deine Absicht, dich mit deinem spirituellen Team zu verbinden und um Zeichen zu bitten, reicht vollkommen aus. Dein Geistführer wartet nur darauf, dass du ihn öfter rufst, damit er dich leiten kann.

Angst

Wenn du zurückschaust auf dein bisheriges Leben, erinnere dich daran, wie häufig du schon Schwierigkeiten gemeistert hast. Spüre, wie deine Stärke und innere Weisheit dich durch diese Situationen geführt und dich zu dem Menschen gemacht haben, der du heute bist.

Du wirst auch jetzt diese Situation meistern und kannst angstfrei durch deinen Tag gehen. Wir möchten dich daran erinnern, dass du ein göttliches Wesen bist und unendlich geliebt wirst.

Bitte um Unterstützung, Mut und Vertrauen, und du wirst dich erinnern, dass du für alle Zustände auf dieser Erde gewappnet bist.

Du wirst geführt, gehalten und beschützt,
vergiss das nie!

Gott macht keine Fehler

Du bist erschaffen aus der Liebe deines Schöpfers, nach seinem Ebenbild. Und daher bist du das größte Wunder! Spüre die Wärme in dir und erinnere dich, dass du ein großes Geschenk für diese Welt bist und deine Wärme wie die Sonne die Menschen wärmt.

Hab keine Angst vor deiner Weisheit und der Größe deiner Macht oder deiner Großartigkeit, denn Gott macht keine Fehler!

Lass deine Andersartigkeit jetzt in die Welt, um andere zu inspirieren, auch ihren eigenen Weg zu gehen.

Sei kraftvoll, sei machtvoll und strahle dein Licht in die Welt!

Du bist das Kind Gottes, aus Liebe gemacht.

Sei großartig!

Deine Selbstanerkennung und Selbstliebe sind das größte Geschenk an deinen Schöpfer.

Harmonie und Ordnung

Wir beglückwünschen dich zu deinem Wunsch nach Frieden und einer guten Lösung zum Wohl aller Beteiligten. Wir Engel arbeiten an den Herzen aller Personen, die an dieser Situation beteiligt sind, und öffnen jetzt die Kanäle für Heilung und Liebe.

Halte deinen Fokus auf die göttliche Ordnung, Heilung und Frieden in dieser Angelegenheit.

Wisse, dass auch hinter dieser Situation Wachstum und Liebe versteckt sind und sich bald offenbaren werden.

Nimm die Energie der Harmonie und Ordnung auf und bereite dich auf ein Friedensangebot vor. Du bist in Sicherheit.

Wir segnen dich mit Liebe!

Ahnen

Deine Ahnen sind hier, um dir ihre Wertschätzung und Liebe zu übermitteln. Schau dir an, wie weit du es bereits gebracht hast und wie sehr du die letzten Jahre über dich hinausgewachsen bist.

Vielleicht kannst du spüren, dass Generationen von Ahnen hinter dir stehen, die vorausgegangen sind, damit du jetzt und hier wirken kannst. Sie alle stärken dir den Rücken.

Verbinde dich gedanklich mit deinen Vorfahren und bitte sie um Zeichen und Botschaften, damit das Band der Liebe aktiviert werden kann.

Solltest du eine alte Familienwunde mit dir tragen, werden deine Ahnen, wenn du sie darum bittest, alle Herzen der beteiligten Angehörigen öffnen und Liebe in diese hineintragen, sodass karmische Heilung jetzt stattfinden kann.

Du bist durch deine Ahnen gesegnet!

Du bist ein spiritueller Lehrer der Neuen Zeit

Du hast dich nach deinem Lebenssinn und deiner Berufung gefragt.

Du bist ein Lichtarbeiter und hast deinen inneren Ruf vernommen. Wir können dir bestätigen, dass du ein geborener Lehrer, Coach und Mentor der Neuen Zeit bist, der schon immer mehr wusste als die meisten anderen Menschen. Aber du musstest erst einmal lernen, deinem inneren Wissen zu vertrauen. Deine angeborene Fähigkeit zu fühlen und zu wissen, was der andere braucht, um auf verschiedenen Ebenen zu heilen, ist die Gabe, die du in diese Inkarnation mitgebracht hast.

Wenn du zusätzliche Ausbildungen gut gebrauchen könntest, wird dich deine innere Stimme leiten, um dir das zu sagen. Bitte uns Engel, dir dabei zu helfen, den nächsten Schritt zu erkennen. Achte auf sich wiederholende Gedanken oder Geistesblitze, die dir zuteilwerden.

Bitte uns auch, dir bei der Finanzierung deiner Ausbildung zu helfen.

Es gehört zu deinem Seelenplan, anderen jetzt zu helfen und sie zu lehren.

Wir Engel stehen dir hilfreich zur Seite und lieben dich dafür!

Grüße aus dem Himmelreich

Wir möchten dir ganz liebe Grüße von einem geliebten Menschen aus dem Himmelreich übermitteln. Der geliebte Verstorbene ist täglich bei dir und besucht dich, um dir nahe zu sein.

Bitte sei gewiss, dass dich derjenige sehr vermisst, dich liebt und euer Band der Liebe unzerstörbar ist.

Falls irgendetwas noch ungesagt blieb oder du gerne deinen Frieden mit dieser Seele schließen möchtest, ist jetzt der perfekte Zeitpunkt dafür. Mach ein kleines Ritual daraus, indem du einen Brief an diesen Menschen schreibst und diesen Brief anschließend verbrennst oder einem fließenden Gewässer übergibst. Schreib dir ruhig alles von der Seele und sei dir sicher, dass du damit deinen Schmerz und die Trauer loslassen kannst. In dem Wort *Trauer* steckt das Wort *traue*. Trau dich, alle Schuldgefühle loszulassen, deinen Frieden zu finden und die Trennung in deinem Herzen zu heilen.

Deinem geliebten Menschen geht es sehr gut, und er hat mit Menschen, die vor ihm gegangen sind und die er dort wiedergefunden hat, eine richtig gute Zeit.

Körper

Je größer deine physische Energie ist, desto schneller wirst du manifestieren können. Was die Meditation für den Geist ist, bewirkt Bewegung für deinen Körper.

Je höher dein Energielevel ist, umso schneller kannst du deine Wünsche erfüllen und Fülle erschaffen, weil deine erhöhte Schwingung alles ändern wird.

Es gibt so viele verschiedene Möglichkeiten, dich regelmäßig zu bewegen, deinen Körper zu strecken und zu dehnen, um dich selbst viel mehr zu spüren.

Suche dir etwas aus, was dir so richtig Spaß macht, und fange heute noch damit an! Wann warst du zuletzt schwimmen oder hast die Musik laut aufgedreht und getanzt, bis du außer Atem warst?

Und wusstest du, dass, wenn du tanzt, wir deine Bewegungen nachmachen und mit dir tanzen?

Bewege deinen Körper viel öfter als bisher und empfange viel mehr Energie!

Beten

Übergib diese Angelegenheit Gott, damit er sie heilt, und sei offen für Wunder. Bitte überlass uns auch jegliche Sorgen und Ängste, da diese Energien die göttliche Lösung blockieren.

Wir ermutigen dich, deine Sorgen durch Gebete zu ersetzen. Dafür brauchst du kein kompliziertes Ritual oder musst an heilige Orte fahren, es reicht aus, wenn du wirklich aus tiefem Herzen betest.

Jedes Gebet wird gehört und beantwortet, wenn auch nicht immer, wie du es erhoffst. Gott hat da seine eigenen Regeln, und seine Wege sind allumfassend, aber wisse, du kannst dich auf seine Hilfe verlassen.

Nachdem du dein Gebet gesprochen hast, vertraue und lass los. Lass den Drang nach Kontrolle über die Einzelheiten und den Wunsch, alles vorher genau zu wissen, jetzt los und entspann dich.

Je mehr du vertraust, desto schneller wird sich alles auf die beste Art und Weise erfüllen!

Karma-Konsum

Du hast die Macht, zur Heilung der Welt beizutragen, indem du dich bewusst dafür entscheidest, nur Produkte zu benutzen und Dienstleistungen in Anspruch zu nehmen, die lichtvoll und nachhaltig sind. Du gestaltest mit den richtigen Kaufentscheidungen die Verbesserung und Schwingungserhöhung deines Planeten.

Es macht einen großen Unterschied aus, ob du bei umliegenden Bauernhöfen und kleineren Läden oder im Supermarkt und bei Online-Konzernen kaufst. Schau genau hin, welchen Unternehmen du dein Geld gibst und dir damit vielleicht Karma erschaffst. Alles hängt miteinander zusammen.

Frage dich öfter, ob du bestimmte Kleidung, Gegenstände oder Produkte wirklich brauchst, oder damit nur eine innere Leere füllst. Diese Leere kannst du ganz schnell mit einem kurzen Gebet, bewusstem Atmen und liebevollen Gedanken füllen.

Bitte uns Engel um Unterstützung, wir helfen dir so gerne dabei, dass dein Einkaufsverhalten zu einer liebevolleren und Neuen Welt beiträgt.

Danksagung

Ich danke von Herzen meiner lieben Verlegerin Mara Ordemann, in der ich eine echte Seelenverwandte gefunden habe. Liebe Mara, ich hoffe wir stoßen noch auf viele gemeinsame Bücher an (womit, wird hier nicht verraten!).

Der wundervollen Smaragd-Verlag-Familie und allen, die bei der Entstehung meines Buches geholfen haben.

www.smaragd-verlag.de

Günter Groha, der mir den Rücken zum Schreiben freigehalten hat, obwohl Zeit bei unserem täglichen Arbeitspensum und langen Arbeitstagen echt knapp ist. Danke, dass es dich gibt!

Melisa, für das Band der Liebe zwischen Mutter und Tochter.

Robert Löchelt, meinem lieben Kollegen und Freund, für unzählige wertvolle Sprachnachrichten, mit denen wir uns gegenseitig geholfen und gestützt haben.

Allen meinen *Soulmates*, meiner Engel-Community, meinen unzähligen Klienten. Ich lerne so viel von euch, ihr inspiriert mich. Und ich bedanke mich für euer Vertrauen.

Danke an dich, liebe Leserin, lieber Leser, vielleicht hast du auch mein erstes Buch „*Mit Engelsschwingen durch die Neue Zeit*" gelesen?

Seit diesem Buch bekomme ich unglaublich liebevolle Zuschriften und möchte mich an dieser Stelle sehr herzlich für jede einzelne Nachricht bedanken.

Wenn dir meine Bücher gefallen, freue ich mich riesig über liebe Rezensionen auf Amazon und in den sozialen Netzwerken, und natürlich über zahlreiche Vernetzung durch Facebook und Instagram. Schreib mir gerne, wir sind schließlich eine Engel-Community!

Und zu guter Letzt: Danke an mein Team in der Geistigen Welt! Ohne Hilfe meiner Engel wäre dieses Buch nicht entstanden. Ich habe mein Versprechen an euch nicht vergessen und stehe voller Demut und Liebe neben euch!

Eure Belgin

Über die Autorin

Belgin Groha, Jahrgang 1969, ist ein ausgebildetes und hellsichtiges Medium, Heilpraktikerin und Autorin. Sie berührt die Menschen mit Engelenergien auf ihre ganz unvergessliche Art und Weise und schafft Heilräume, in denen Menschen sich gehalten und beschützt fühlen.
Belgin bietet als spirituelle Mentorin hellsichtige Beratungen, Jenseitskontakte und Fernheilungen (in Form von *Trance Healing,* kombiniert mit Engelarbeit) mit persönlichen Botschaften der Engel und Lichtwesen an.

Im August 2020 erschien ihr erstes Buch *„Mit Engelsschwingen durch die Neue Zeit"* im Smaragd Verlag, ein Handbuch für den Kontakt zur Geistigen Welt, mit wundervollen Übungen für die großen Veränderungen, die uns in den nächsten Jahren noch erwarten.

Belgin steht für unkomplizierte Spiritualität und ist eine Botschafterin der Engel und der Neuen Zeit.

Kontakt:

www.mediumbelgingroha.de

Facebook: Engelsgeflüster – Medium Belgin Groha

Instagram: medium_belgingroha

Buchempfehlungen

Belgin Groha
Mit Engelsschwingen durch die Neue Zeit
136 Seiten, A5, broschiert
ISBN 978-3-95531-198-8

Wir alle sind in der Neuen Zeit angekommen und befinden uns seit 2020 in einem neuen zwölfjährigen Zyklus. Aber was bedeutet das jetzt für uns Menschen?
Du bist das Wunder!
Denn hier geht es um deine Hellsinne und darum, wie du diese Gaben, die in dir schlummern, jetzt aktivierst. Dazu werden wir auch Engel in unser Energiefeld einladen.
Die Autorin ist eine Engelbotschafterin der Liebe und verrät viele alltagstaugliche und einfache, aber ebenso mächtige Übungen, die sie von der Geistigen Welt für dich empfangen hat, damit du gut durch diese spannende und wunderschöne Zeit geführt bist und Heilung und Liebe erleben kannst.
Die Kernbotschaft der Engel lautet:
„Ihr Lichtarbeiter seid die neuen Engel auf Erden. Ihr seid nicht allein, wir begleiten euch, und wir werden Seite an Seite gemeinsam Wunder vollbringen."
Bist du bereit?
Mit einem Vorwort von Silke Wagner.

Zora Gienger

Lichtenergie und Heilgebete für ein neues WIR-Bewusstsein

120 Seiten, A5, broschiert

ISBN 978-3-95531-200-8

Viele Menschen vermissen ein harmonisches, verständnisvolles und konstruktives Miteinander im Leben und sehnen sich nach einem Denken, Fühlen und Handeln, das Erfüllung und Sinn schenkt und den egoistischen Strukturen unserer Zeit Einhalt gebietet.
Doch dem Menschen stehen machtvolle Werkzeuge zur Verfügung, die dem eigenen Leben wieder Sinn verleihen und konkret etwas für die ganze Welt tun können. Es ist das sogenannte WIR-Bewusstsein, das jeder Mensch in sich trägt, um ein neues Miteinander zu kreieren, wobei das in ihm angelegte und wichtige ICH-Bewusstsein nicht ausgemerzt, sondern sinnvoll ergänzt wird.
Zora Gienger beschreibt und erklärt das harmonische Miteinander dieser beiden Bewusstseinsanteile im Menschen und zeigt Wege, wie jeder Mensch ins WIR-Bewusstsein gelangen kann.
Lichtübungen und Heilgebete sind ein Schlüssel, um dieses neue WIR-Bewusstsein dauerhaft in jedem von uns zum Leben zu erwecken.
Eine Einladung zu einer großartigen Erkenntnis, die ins tägliche Leben integriert werden kann und wahre Wunder möglich macht.

Anita Dobner

Frau sein in Zeiten des Wandels

Inspirierende Texte zur Selbstheilung

120 Seiten, A5, broschiert

ISBN978-3-95531-202-2

Der Wandel in der Welt ist schon im Gange, und du als Frau in Verbindung mit deinem Herzen kannst ihn mitgestalten, denn die Welt wartet auf deine Gaben, um wieder ganz und heil zu werden. Entdecke die Kraft deiner Weiblichkeit, indem du den inneren Weg gehst und deinem Herzen vertraust. So kann aus dir ein neues Bewusstsein geboren werden, das unsere Welt zu einem besseren Ort macht.

Die Herzensbotschaften der Autorin möchten dich inspirieren, dein Herz in das Zentrum deines Lebens zu stellen. denn die Liebe, die dort ihre Heimat hat, ist die größte Kraft, um dich und die Welt zu heilen.
Die berührenden Texte helfen dir, dein Herz zu öffnen, und du spürst immer mehr, wer du in Wahrheit bist: Die Frau, auf die du schon immer gewartet hast..

Ava Minatti

Das kleine Buch der Freude

160 Seiten, Taschenbuch, broschiert

ISBN 978-3-95531-203-9

Das kleine Buch der Freude möchte dich daran erinnern, dass du dich immer auf die Freude ausrichten und Freude spüren kannst, unabhängig von äußeren Umständen, was gerade in diesen bewegten Zeiten des Wandels wichtig und manchmal sogar not-wendig ist.

Freude ist eine heilsame und wohltuende Qualität, die uns mit unserem wahren Wesen verbindet, unser Immunsystem harmonisiert und unterstützt, uns nährt, kräftigt und hilft, Lösungen für unsere Herausforderungen zu finden.

Kuthumi, als Hüter des goldenen Strahls, ist ein Meister der Freude. Er durchwirkt diese Seiten mit gelbgoldenem und goldenem Licht, um dich mit seiner Leichtigkeit und Fröhlichkeit zu inspirieren. Dazu hat er eine bunte Mischung aus Anregungen, Tipps, kurzen Meditationen und praktischen Übungen zusammengestellt, die leicht in den Alltag integriert und hier angewandt werden können.

Freude ist der Kurs, dem wir folgen können, um sicher und wohlbehütetet durch die aktuellen persönlichen und globalen Wandlungen und Umbrüche zu navigieren.

Viel Freude beim Lesen, Ausprobieren und Manifestieren deines freudvollen Lebens!

Sonja Ariel von Staden
LichtKraft für LichtMenschen
144 Seiten, A5, broschiert
ISBN 978-3-95531-194-0

Die LichtKraft ist eine auf Erden gerade erst erwachte Energie, die in dieser Zeit des Übergangs in das Neue Zeitalter für uns Menschen aktiv erfahr- und nutzbar wird. Sie ist pure schöpferische Intelligenz, die darauf wartet, von uns eingeladen zu werden, um uns zusätzliche Tatkraft, Klarheit, Gesundheit und Einheit mit Allem-was-ist zu schenken

Diese Energie ist magisch, leuchtend und nährend. Sie zu nutzen verstärkt unsere lichtvollen Seiten und hilft uns, unsere Schatten zu transformieren. Sie reinigt und nährt die Zellen, damit sie in der Zeit des Wandels gesund und entwicklungsbereit sind.

Ein spiritueller und ganzheitlicher Ratgeber mit vielen Übungen und Erklärungen für eine neue Form der Gesundheit auf allen Ebenen.

Tina Baumgartner

Nach dem Leben ist vor dem Leben

Eine spirituelle Reise

200 Seiten, A5, broschiert

ISBN 978-3-95531-201-5

Endlich den eigenen Seelenplan entdecken und verstehen, warum man in genau dieses Leben hineingeboren wurde, seine Lieben wiedersehen, höhere Sphären erleben, Versöhnung mit dem eigenen Leben finden und eines Tages in Frieden mit sich und der Welt nach Hause gehen – wer wünscht sich das nicht ?

Dieses ist die Geschichte von Mari, einer alten Dame, die im letzten halben Jahr ihres Lebens das Geschenk erhält, in ihren Träumen zu ihrem wahren Selbst in die Geistige Welt zu reisen, wo sie einen klaren Einblick in ihren Lebensplan erhält und sich wieder erinnern darf, dass wir so viel mehr sind, als wir uns vorstellen können – nämlich unsterbliche unendliche Seelen.

Nach dem Leben ist vor dem Leben lädt dich ein zu einer Reise in dein Herz und über die Regenbogenbrücke in die Heimat unserer Seele. Wenn du nach Antworten suchst auf die Frage, wie es wohl weitergehen mag nach dem Tod oder nach dem Verlust eines lieben Menschen, dann hat dich vielleicht deine Seele zu diesem Buch geführt.